海上絲綢之路基本文獻叢書

星槎勝覽校注
中國之旅行家

馮承鈞 著／〔法〕沙畹 著

文物出版社

圖書在版編目（CIP）數據

星槎勝覽校注 / 馮承鈞著. 中國之旅行家 /（法）沙畹著. -- 北京 : 文物出版社, 2022.7
（海上絲綢之路基本文獻叢書）
ISBN 978-7-5010-7600-0

Ⅰ. ①星… ②中… Ⅱ. ①馮… ②沙… Ⅲ. ①鄭和下西洋－史料②地理學家－生平事迹－中國－古代 Ⅳ. ① K248.105 ② K825.8

中國版本圖書館 CIP 數據核字 (2022) 第 091062 號

海上絲綢之路基本文獻叢書

星槎勝覽校注・中國之旅行家

著　　者：馮承鈞　〔法〕沙畹
策　　劃：盛世博閱（北京）文化有限責任公司

封面設計：鞏榮彪
責任編輯：劉永海
責任印製：張道奇

出版發行：文物出版社
社　　址：北京市東城區東直門内北小街 2 號樓
郵　　編：100007
網　　址：http://www.wenwu.com
經　　銷：新華書店
印　　刷：北京旺都印務有限公司
開　　本：787mm×1092mm　1/16
印　　張：12.875
版　　次：2022 年 7 月第 1 版
印　　次：2022 年 7 月第 1 次印刷
書　　號：ISBN 978-7-5010-7600-0
定　　價：92.00 圓

總緒

海上絲綢之路，一般意義上是指從秦漢至鴉片戰争前中國與世界進行政治、經濟、文化交流的海上通道，主要分爲經由黄海、東海的海路最終抵達日本列島及朝鮮半島的東海航綫和以徐聞、合浦、廣州、泉州爲起點通往東南亞及印度洋地區的南海航綫。

在中國古代文獻中，最早、最詳細記載『海上絲綢之路』航綫的是東漢班固的《漢書·地理志》，詳細記載了西漢黄門譯長率領應募者入海『齎黄金雜繒而往』之事，書中所出現的地理記載與東南亞地區相關，并與實際的地理狀况基本相符。

東漢後，中國進入魏晉南北朝長達三百多年的分裂割據時期，絲路上的交往也走向低谷。這一時期的絲路交往，以法顯的西行最爲著名。法顯作爲從陸路西行到印度，再由海路回國的第一人，根據親身經歷所寫的《佛國記》（又稱《法顯傳》）一書，詳細介紹了古代中亞和印度、巴基斯坦、斯里蘭卡等地的歷史及風土人情，是瞭解和研究海陸絲綢之路的珍貴歷史資料。

隨着隋唐的統一，中國經濟重心的南移，中國與西方交通以海路爲主，海上絲綢之路進入大發展時期。廣州成爲唐朝最大的海外貿易中心，朝廷設立市舶司，專門管理海外貿易。唐代著名的地理學家賈耽（七三〇～八〇五年）的《皇華四達記》記載了從廣州通往阿拉伯地區的海上交通『廣州通夷道』，詳述了從廣州港出發，經越南、馬來半島、蘇門答臘半島至印度、錫蘭，直至波斯灣沿岸各國的航綫及沿途地區的方位、名稱、島礁、山川、民俗等。譯經大師義净西行求法，將沿途見聞寫成著作《大唐西域求法高僧傳》，詳細記載了海上絲綢之路的發展變化，是我們瞭解絲綢之路不可多得的第一手資料。

宋代的造船技術和航海技術顯著提高，指南針廣泛應用於航海，中國商船的遠航能力大大提升。北宋徐兢的《宣和奉使高麗圖經》詳細記述了船舶製造、海洋地理和往來航綫，是研究宋代海外交通史、中朝友好關係史、中朝經濟文化交流史的重要文獻。南宋趙汝適《諸蕃志》記載，南海有五十三個國家和地區與南宋通商貿易，形成了通往日本、高麗、東南亞、印度、波斯、阿拉伯等地的『海上絲綢之路』。宋代爲了加强商貿往來，於北宋神宗元豐三年（一〇八〇年）頒佈了中國歷史上第一部海洋貿易管理條例《廣州市舶條法》，并稱爲宋代貿易管理的制度範本。

元朝在經濟上採用重商主義政策，鼓勵海外貿易，中國與歐洲的聯繫與交往非常頻繁，其中馬可•波羅、伊本•白圖泰等歐洲旅行家來到中國，留下了大量的旅行記，記録元代海上絲綢之路的盛况。元代的汪大淵兩次出海，撰寫出《島夷志略》一書，記録了二百多個國名和地名，其中不少首次見於中國著録，涉及的地理範圍東至菲律賓群島，西至非洲。這些都反映了元朝時中西經濟文化交流的豐富内容。

明、清政府先後多次實施海禁政策，海上絲綢之路的貿易逐漸衰落。但是從明永樂三年至明宣德八年的二十八年裏，鄭和率船隊七下西洋，先後到達的國家多達三十多個，在進行經貿交流的同時，也極大地促進了中外文化的交流，這些都詳見於《西洋蕃國志》《星槎勝覽》《瀛涯勝覽》等典籍中。

關於海上絲綢之路的文獻記述，除上述官員、學者、求法或傳教高僧以及旅行者的著作外，自《漢書》之後，歷代正史大都列有《地理志》《四夷傳》《西域傳》《外國傳》《蠻夷傳》《屬國傳》等篇章，加上唐宋以來衆多的典制類文獻、地方史志文獻，集中反映了歷代王朝對於周邊部族、政權以及西方世界的認識，都是關於海上絲綢之路的原始史料性文獻。

海上絲綢之路概念的形成，經歷了一個演變的過程。十九世紀七十年代德國地理學家費迪南·馮·李希霍芬（Ferdinad Von Richthofen，一八三三～一九〇五），在其《中國：親身旅行和研究成果》第三卷中首次把輸出中國絲綢的東西陸路稱爲『絲綢之路』。有『歐洲漢學泰斗』之稱的法國漢學家沙畹（Édouard Chavannes，一八六五～一九一八），在其一九〇三年著作的《西突厥史料》中提出『絲路有海陸兩道』，蘊涵了海上絲綢之路最初提法。迄今發現最早正式提出『海上絲綢之路』一詞的是日本考古學家三杉隆敏，他在一九六七年出版《中國瓷器之旅：探索海上的絲綢之路》中首次使用『海上絲綢之路』一詞；一九七九年三杉隆敏又出版了《海上絲綢之路》一書，其立意和出發點局限在東西方之間的陶瓷貿易與交流史。

二十世紀八十年代以來，在海外交通史研究中，『海上絲綢之路』一詞逐漸成爲中外學術界廣泛接受的概念。根據姚楠等人研究，饒宗頤先生是華人中最早提出『海上絲綢之路』的人，他的《海道之絲路與昆侖舶》正式提出『海上絲路』的稱謂。選堂先生評價海上絲綢之路是外交、貿易和文化交流作用的通道。此後，大陸學者馮蔚然在一九七八年編寫的《航運史話》中，使用『海上絲綢之路』一詞，這是迄今學界查到的中國大陸最早使用『海上絲綢之路』的人，更多地限於航海活動領域的考察。一九八〇年北京大學陳炎教授提出『海上絲綢之路』研究，并於一九八一年發表《略論海上絲綢之路》一文。他對海上絲綢之路的理解超越以往，且帶有濃厚的愛國主義思想。陳炎教授之後，從事研究海上絲綢之路的學者越來越多，尤其沿海港口城市向聯合國申請海上絲綢之路非物質文化遺産活動，將海上絲綢之路研究推向新高潮。另外，國家把建設『絲綢之路經濟帶』和『二十一世紀海上絲綢之路』作爲對外發展方針，將這一學術課題提升爲國家願景的高度，使海上絲綢之路形成超越學術進入政經層面的熱潮。

與海上絲綢之路學的萬千氣象相對應，海上絲綢之路文獻的整理工作仍顯滯後，遠遠跟不上突飛猛進的研究進展。二〇一八年厦門大學、中山大學等單位聯合發起『海上絲綢之路文獻集成』專案，尚在醞釀當中。我們不揣淺陋，深入調查，廣泛搜集，將有關海上絲綢之路的原始史料文獻和研究文獻，分爲風俗物産、雜史筆記、海防海事、典章檔案等六個類别，彙編成《海上絲綢之路歷史文化叢書》，於二〇二〇年影印出版。此輯面市以來，深受各大圖書館及相關研究者好評。爲讓更多的讀者親近古籍文獻，我們遴選出前編中的菁華，彙編成《海上絲綢之路基本文獻叢書》，以單行本影印出版，以饗讀者，以期爲讀者展現出一幅幅中外經濟文化交流的精美畫卷，爲海上絲綢之路的研究提供歷史借鑒，爲『二十一世紀海上絲綢之路』倡議構想的實踐做好歷史的詮釋和注脚，從而達到『以史爲鑒』『古爲今用』的目的。

凡例

一、本編注重史料的珍稀性，從《海上絲綢之路歷史文化叢書》中遴選出菁華，擬出版百册單行本。

二、本編所選之文獻，其編纂的年代下限至一九四九年。

三、本編排序無嚴格定式，所選之文獻篇幅以二百餘頁爲宜，以便讀者閱讀使用。

四、本編所選文獻，每種前皆注明版本、著者。

五、本編文獻皆爲影印，原始文本掃描之後經過修復處理，仍存原式，少數文獻由於原始底本欠佳，略有模糊之處，不影響閱讀使用。

六、本編原始底本非一時一地之出版物，原書裝幀、開本多有不同，本書彙編之後，統一爲十六開右翻本。

目録

星槎勝覽校注　馮承鈞 著　商務印書館鉛印本……………………一
中國之旅行家　〔法〕沙畹 著　馮承鈞 譯　民國十五年商務印書館鉛印本……………一一三

星槎勝覽校注

星槎勝覽校注

馮承鈞 著

商務印書館鉛印本

史地小叢書

星槎勝覽校注

馮承鈞撰

商務印書館發行

史地小叢書

星槎勝覽校注

馮承鈞撰

商務印書館發行

星槎勝覽校注目錄

星槎勝覽校注序

星槎勝覽序

前集

占城國……一

賓童龍國……六

靈山……七

崑崙山……八

交欄山……九

暹羅國……一一

爪哇國……一三
舊港……一八
滿剌加國……一九
九洲山……二一
蘇門答剌國……二二
花面國……二四
龍牙犀角……二五
龍涎嶼……二六
翠藍嶼……二八
錫蘭山國……二九
小唄喃國……三一
柯枝國……三二

古里國……三四
忽魯謨斯國……三五
剌撒國……三七
榜葛剌國……三八

後集

眞臘國……四九
東西竺……五〇
淡洋……五一
龍牙門……五二
龍牙善提……五三
吉里地悶……五四
彭坑國……五五

琉球國……五六
三島……五七
麻逸國……五八
假里馬打國……五九
重迦邏……六〇
渤泥國……六二
蘇祿國……六三
大唄喃國……六四
阿丹國……六五
佐法兒國……六六
竹步國……六七
木骨都束國……六九

溜洋國……七〇
卜剌哇國……七二
天方國……七三
阿魯國……七五
費信傳
歸有光題
羅以智跋

星槎勝覽校注序

前歲讎校瀛涯勝覽畢。擬續取諸本星槎勝覽校勘。惟當時僅有上虞羅氏景印天一閣本。無他本可資檢對。星槎勝覽版本流傳與瀛涯勝覽同。大致亦可別爲兩類。一類爲原本。凡二卷。文字蕪俚。一類爲改訂本。分四卷。較原本頗有增删。文字雅潔。改訂本今可考者共有八本。曰古今說海本。曰歷代小史本。曰紀錄彙編本。曰百名家書本。曰格致叢書本。曰學海類編本。曰借月山房彙鈔本。（澤古齋叢鈔本同。）曰遜敏堂叢書本。此八本惟百名家書本未能見。顧此本與格致叢書本並胡文煥輯。版本應同。歷代小史本雖合爲一卷。然與諸本皆同。惟闕眞臘條。殆以星槎勝覽後接刻眞臘風土記。故將此條删除。格致叢書本所本者。疑是歷代小史本。亦合爲一卷。闕眞臘條。此外除傳錄或刊刻之脫訛外。八本內容幾盡相同。

星槎勝覽版本之分兩類者。殆因原本文字蕪俚。後人特爲改訂而潤色之。改訂者究爲何人。據伯希和教授說。即爲費信本人（說見鄭和下西洋考七九頁。）然此說無據。觀原本文字。費信似爲不能作雅語者。崑山新陽兩縣合志卷三十文苑費信傳。(見後) 固有「簡文采論識之士顧一策書備上親覽」語。蓋爲修志者想像之詞。未足據也。吾友向覺明達檢乾隆崑山新陽合志(卷三十五藝文。) 所載周復俊星槎勝覽序。末云。「予屛居多暇。稍加刪析。錄一淨本。寘六梅齋中。他時隱囊臥遊。又何必識九洲而臨五嶽也。」因推定改訂人卽爲周復俊。(見小說月報第二十卷第一號五三至五四頁。) 此說近類眞相。茲請就此說引伸之。考明人著述誌及下西洋事者。有陸容(一四三六至一四九四) 菽園雜記。祝允明(一四六〇至一五二六。) 前聞記。歸有光(一五〇六至一五七一。) 震川集。顧起元(一五六五至一六二八。) 客座贅語。周復俊(一四九六至一五七四。) 星槎勝覽序(復俊有太僕集。一名六梅館集。今未見。此序載乾隆崑新合志。光緒續修本刪。) 諸人惟祝允明爲長洲人。周復俊歸有光皆崑山人。顧起元原崑山人。以南京金吾衛籍登進士。(國子監進士題名碑。萬曆戊戌一甲三人顧起元。注江寧籍崑山人。) 陸容明史有傳。謂爲太倉人。太倉下應脫衛字。太倉於弘治十年(一四九七。) 始置州。(見明史地理志。) 而容之歿在置州前三年。則容生時太倉衛仍屬崑山縣境。由是觀之。諸人與費信皆同鄉里。信之行紀首先流傳崑山。自爲意中必有之事。嘉靖己未(一五五九。) 歸有光與其友周孺允皆藏有星槎勝覽原本。(見震川集卷五。) 可以證已。周復俊與有光同里同時。應亦繕錄有之。費信序稱年至二十二。選往西洋。又表載初使西洋在永樂七年。(一四〇九。) 則其人生於洪武二十一年。(一三八八。) 假定壽至八十。復俊雖未能親見其人。然時距不遠。不難獲見其書。必亦見原本鄙蕪。乃加删析。陸深（一四七七至一五四四）。父子復以此删析本收入古今說海中。後刻諸叢書因而轉錄。無所增損。此删析本所增阿魯條與其他各條原本所無之文。疑由復俊採自西洋番國志啞魯等條也。

删析本既通行。原本遂廢。賴有歸有光等。以爲「當時所記雖不文亦不失眞」。錄而存之。原本因得流傳至今。其本今可見者有三。曰國朝典故本。曰羅以智校傳抄明抄本。曰上虞羅氏景印天一閣本（廣州中山大學覆刻者亦爲天一閣本）。三本大致相同。惟訛字脫文。觸目皆是。但以三本互勘。不難復舊。崑山新陽合志費信傳稱「附玉峯詩纂行世」。然今見長沙葉氏觀古堂所藏明刻本玉峯詩纂後未附有星槎勝覽。殆出修志者之誤記也。

今以羅以智校本爲底本。用國朝典故本（省稱朱本）。天一閣本（省稱景本）。對校。費信書採摭汪大淵島夷志略之文甚多。復取藤田豐八校注本互證。四卷本與原本既各有詳略。茲並錄其文附於各條之後。以資參稽。八本中今所見者以古今說海本爲最古。然明刻本不易得。覆刻本錯訛更甚。其次歷代小史本殘闕不完。故今所錄者。皆明刻本紀錄彙編之文。惟此本脫訛之處。皆仍原書。未加校正。俾存原刻面目。若以費信原本之文對照。其誤自見。此外體例一仿瀛涯勝覽校注。惟名物疏釋已見瀛涯勝覽校注者。多不重注。僅於前注訛誤脫漏處別爲說明。閱是編者可並取瀛涯勝覽校注合觀之。

前撰瀛涯勝覽校注序。曾將鄭和七次下西洋年月考證條列。付梓以後繼有重要發見證明原考二、三、四、五次下西洋年月應改作三、四、五、六次下西洋年月。永樂五年至七年間別有一次通番之役。明史紀傳脫漏。乃經碑文證明。據永樂七年二月甲戌鄭和在錫蘭島迦里城所立三種文字碑。（見本書錫蘭山條。）知和於永樂七年春曾蒞錫蘭。又本書九洲山條。永樂七年鄭和等差官兵入山採香。又瀛涯勝覽滿剌加條。永樂七年己丑上命正使太監鄭和等齎詔勑賜頭目銀印冠帶袍服。建碑封城。又鄭曉皇明大政記。己丑永樂七年。春正月太監鄭和航海通西南夷。又鄭曉皇明四夷考。永樂七年太監鄭和王景弘侯顯統三萬人往西洋。又郎瑛七修類藁。永樂丁亥。（五年）命太監鄭和王景弘侯顯三人往東南諸國。皆證明鄭和等在永樂五年至七年間曾有一次通番之役而未經明史紀傳著錄者也。錢穀吳都文粹續集第二十八卷。有婁東劉家港天妃宮石刻通番事蹟記。（此文首由鄭君鶴聲檢出。見大公報史地周刊第五十七期。）福建長樂縣有南山塔寺石刻天妃靈應記。（此碑拓本曾經陳君幾士惠寄一本。並云此碑久埋失傳。民國二十年友人吳鼎芬爲知事。託其搜訪。於舊址土中刨出。曾拓數紙云云。）皆證明永樂五年至七年間鄭和等曾至西洋．由是上引諸書所記年月始得其解．兼可補史之闕文也．茲重再考訂七次下西洋年月於後．

第一次奉使．明史本紀載在永樂三年六月己卯．還京．太宗實錄載在永樂五年九月壬子．碑文僅云永樂三年往．永樂五年廻．

第二次奉使．實錄失載．惟明史本紀云．永樂五年九月癸亥．鄭和復使西洋．則和於永樂五年九月初二還京．同月十三日復奉使．碑文僅云永樂五年往至七年廻．

第三次奉使．明史本紀載在永樂六年九月癸亥．實錄同．惟癸亥作癸酉．還京在永樂九年六月乙巳．明史與實錄並同．碑文僅云永樂七年往．永樂九年廻．按奉使年月與出發年月不盡相合者．蓋詔勅隨時可下．而航海須待季候風也．此次降勑疑在大䑸寶船未歸時．

第四次奉使．明史本紀載在永樂十年十一月丙辰．按是年十一月無丙辰．應從實錄作丙申．還京在永樂十三年七月癸卯．明史與實錄並同．碑文僅云永樂十一年往．至十三年廻．

第五次奉使．明史本紀載在永樂十四年十二月丁卯．還京在十七年秋七月庚申．實錄並同．碑文僅云永樂十五年往．

第六次奉使明史本紀載在永樂十九年春正月癸巳還京在二十年八月壬寅碑文僅云永樂十九年往．

第七次奉使明史本紀失載惟鄭和傳作宣德五年六月碑文僅云宣德六年往．祝允明紀載此役甚詳．知於宣德五年閏十二月六日自南京之龍灣開船．六年二月二十六日到福建長樂港．同年十一月十二日出發宣德八年七月六日還京．

此外尚有一役不見明史本紀及碑文著錄．僅見明史鄭和傳．乃指永樂二十二年正月鄭和齎勑印往賜舊港酋長一事．此次鄭和疑未行．（參看大公報史地周刊管君勁丞所撰文．）抑是役未出印度洋．不列入下西洋諸役也．

前注瀛涯勝覽後．得見明鈔說集本瀛涯勝覽．（此本與羅以智校星槎勝覽本並藏北平人文科學研究所．）疑即祁承熯澹生堂藏書目卷三著錄之說鈔本國朝典故本疑從此本鈔出其足以校訂瀛涯勝覽之文甚多古里條此本即作「哲地未訥几即書算手官府牙人來會．」誠如伯希和教授之說．（見一九三五年通報評瀛涯勝覽校注文．）前此校勘時惜未早見此本。又馬敬序「跨越海外與諸番貨」句，初疑中有脫文，後檢別一國朝典故本，此下脫一易字。又南浡里條「番名那沒嚟洋」，誤將番字刊落。茲皆前注之失，特附帶糾正於此。民國二十五年冬至日命恕隱二兒筆受訖。馮承鈞識。

星槎勝覽（此下原有前集二字・朱本景本並無・今刪・）序

夫萬物無不覆載者。天地之統也。萬邦無不歸順者。聖人之統也。天地聖人一而二。二而一者也。試嘗觀之。天位乎上。地位乎下。二氣周流。四時更化。果何以見其統哉。吁。（朱本景本無吁字・）大哉乾元。萬物資始。至哉坤元。萬物資生。則凡物之在於兩間者。無不聞之也。聖人以一人之（原脫人之二字・從朱本景本補・）身處乎九重之上。輿圖之廣。生齒之繁。亦何以見其統哉。噫。本乎聖人己德之修也耳。稟聖神文武之德。（原闕德字・從朱本景本補・）藴睿知（景本作智・）聰明之資。首出庶物。卓冠羣倫。所守者至簡而能御繁。所處者至靜而能制動。所務者至寡而能服衆。是以際天所覆。（朱本作載・）極地（朱本景本並作天・）所載。（朱本作覆・）莫不咸歸於德化之中。普天之（景本脫之字・）下。率土之濱。罔不悉歸於涵養之内。洪惟我 太祖高皇帝龍飛淮甸。鼎定金陵。掃胡元之弊習。正華夏之彝倫。振綱常以布中外。敷文德以及四方。 太宗文皇帝德澤洋溢乎天下。（原作地・從朱本景本改・）施及蠻夷。舟車所至。人力所通。莫不尊親。執圭捧帛而來朝。梯山航海而進貢。禮樂明備。禎祥畢集。 仁宗昭（原脫昭字・從朱本景本補・）皇帝法祖憲天。行二帝三王之道。 宣宗章皇帝守成繼統。體二帝三王之心。迨至皇上仁智天錫。聖道日新。任師傅者皆伊召當作呂・之德。居廊廟者。盡稷禼之賢。聖聖相承。紹繼大統。豈不謂天地聖人同其致焉。愚生費信。祖氏吳郡崑山民也。洪武三十一年。先兄籍太倉衞。不幾而景本此下多一信字・丞世信。朱本景本皆脫信字・年始十四。代兄當軍。且家貧而陋室。志篤而好學。日就月將。偸朱本誤倫・時借書而習讀。年至二十二。永樂至宣德間。選往西洋。四次隨征三本皆作征・疑爲從之誤・正使太監鄭和等至諸原誤儲・從朱本景本改・海外。歷覽諸番人物風土所產。集成二帙。曰星槎勝覽前集者。親監目景本誤日・識之所至也。後集者。採輯傳譯之所實也。然不能效編摩之體。爲文爲詩。誠不敢負聖恩。往賜璽書禮幣至仁至原闕至字・從朱本景本補・德化及蠻夷。萬邦臣服貢獻之盛歟。書既成。囊未獲刪景本誤册・正。儻遇明師碩儒。筆則筆。削則削。愚朱本誤則・信効勤之誠。鄙陋之至。可得所伸矣。欽哉。皇圖廣運。大明麗天。實駕唐虞。而超越三代矣。可知海域蠻方風俗之美惡。山川之險易。物產雖殊異。無爲之用。人類之醜賤。何足可觀。儻蒙明賢閱之。盡在心目。克恕朱本景本作忽・遠涉之勞。永固天朝之祚。信學識疏淺。懇切不勝之至情朱本作顈・最本誤債・也。

正統元原脫元字・從朱本景本補・年龍集丙辰春正月朔日玉峯松岩生費信公曉千頃堂書目卷八作公晚・謹序。

附四卷本星槎勝覽序 從紀錄彙編本轉錄

臣聞王者無外。中天下而立。定四海之民。一視同仁。篤近舉遠。故視中國猶一人。而夷狄之邦。則以不治治之。洪惟　聖朝天啓文運。　太祖高皇帝龍飛九五。波澤敷於中外。德威振於萬邦。
太宗文皇帝繼統。文明之治格於四表。於是屢命正使太監鄭和。王景弘。侯顯等。開道九夷八蠻。
欽賜璽書禮幣。　皇風清穆。覃被無疆。天之所覆。地之所載。莫不貢獻臣服。三五之世。不是過矣。　皇上嗣登大寶。詔止海船。及遠征之役。蓋以國家　列聖相繼。奕葉重光。治化隆盛。而遠夷不醜。或梗　皇化。則移師薄伐。使不忘武備。以鞏固鴻基。爲萬世之宏規也。　皇上恭默思道。端拱而治。守盈成之運。垂無窮之業。得時措之宜也。臣本吳東鄙儒。草茅下士。　先臣戍大倉。未幾而登逝。於是臣繼戍役。至永樂宣德間。選隨中使至海外。經諸番國。前後數四。二十餘年。歷覽風土人物之宜。采輯。圖寫成帙。名曰星槎勝覽。不揣膚陋。輒敢自敘其首。一覽之餘。則中國之大。華夷之辨。山川之險易。物產之珍奇。殊方末俗之卑陋。可以不勞遠涉。而盡在目中矣。夫王者無外。

星槎勝覽　序　　二

王德之體。以不治治之。王道之用若然。將見治化之效。聲教所及。暴風不作。海波不揚。越棠肅慎之民。曰中國有　聖人在上。白雉楛矢之貢。不期而至矣。

正統元年丙辰春正月吉日臣費信稽首謹序

星槎勝覽前集目錄

一　於永樂七年隨正使太監鄭和等往占城。原誤成・從朱本景本改・爪三本皆誤瓜・今改・哇。滿剌加。蘇門答剌。錫蘭山。小唄朱本作咀・喃。柯枝。古里等國　開讀賞賜。至永樂九年回京。

一　於永樂十年隨奉使少監楊敕朱本作刺・疑皆敏字之誤・等往榜葛剌等國　開讀賞賜。至永樂十二年回京。

本書榜葛剌國條云・永樂十年幷永樂十三年二次上命太監侯顯等統領舟師・賚捧詔勅・賞賜國王・明史卷三〇四侯顯傳云・永樂十一年春・顯復奉命賜西番尼八剌地湧塔二國・十三年七月帝欲通榜葛剌諸國・復命顯率舟師以行・則永樂十一年顯未至榜葛剌・本書榜葛剌條疑脫楊敕或楊敏名・

一　於永樂十三年隨正使太監鄭和等往榜葛原脫葛字・從朱本景本補・剌諸番。直抵忽魯謨斯等國　開讀賞賜至永樂十四年回京。考明史・明實錄・南山寺碑・鄭和第四次下西洋・以永樂十年往・永樂十三年還・第五次下西洋・以十四年十二月往・十七年七月還・別無十三年往榜葛剌諸番事・鄭和應是侯顯之誤・

一　於宣德六年隨正使太監鄭和等往諸番。直抵忽原誤忽・景本誤同・從朱本改・魯謨斯等國　開讀賞賜。至宣德八年回京。

通計歷覽西洋諸番之國．風土人物之異．逐國分序．詠其詩篇．

占城國
賓童龍國
靈山
崑崙山
交欄山
暹羅國
爪（三本皆誤瓜今改．）哇國
舊港
滿剌加國
九洲山
蘇門答剌國

花面王三本皆誤三・今改・國

龍牙犀角

龍涎原誤涎・景本同・從朱本改・嶼

翠藍嶼

錫蘭山國

小唄朱本作山咀・喃國

柯枝國

古里國

忽原誤怱・景本誤同・從朱本改・魯謨斯國

剌撒國

榜葛剌國

四卷本不分親歷或傳聞之國・凡四十國・多阿魯・無龍牙善提・琉球・三島・渤泥・蘇祿・五國・龍牙犀角作龍牙加貌・大小唄喃作大小葛蘭・吉里地門作吉里地悶・麻逸作麻逸凍・溜洋作溜山洋・

星槎勝覽前集

占城國 (Campa, Annam)

永樂七年己丑．上命正使太監鄭和王景弘（朱本景本皆無王景弘．）等統領官兵二萬七千餘人．（上六字朱本景本並無．）駕使（原闕使字．從朱本景本補．）海舶（朱本景本並作船．）四十八號．（明鈔說集本瀛涯勝覽卷首列舉有寶船官兵總數云．「寶舡六十三號．大者長四十四丈四尺．闊一十八丈．中者長三十七丈．闊一十五丈」．「計下西洋官校．旗軍．勇士．通事．民稍．買辦．書手．通計二萬七千六百七十員名．官八百六十八員．軍二萬六千八百名．指揮九十三員．都指揮二員．千戶一百四十員．百戶四百三員．戶部郎中一員．陰陽官一員．教諭一員．舍人二名．醫官醫士一百八十員名．餘丁二名．正使太監七員．監丞五員．少監十員內官內使五十三員」．總計其數應共有二萬八千五百六十八人．與上舉總數相差八百九十八人．兩數疑有一誤．明史鄭和傳．造大舶．修四十四丈．廣十八丈者六十二．此云寶舡六十三號．其數大致相同．殆爲初下西洋時船數．而永樂七年之役僅存四十八號也．鄭和傳有士卒二萬七千八百餘人．祝允明前聞記有二萬七千五百五十員名．數各不同．殆各據當時下西洋人數而言也．）往諸番國．開讀賞賜．是歲秋九月自太倉劉家港開船．十月到福建長樂太平港停泊．（乾隆本長樂縣志祥異門云．永樂十年三寶太監駐軍十洋街．人物輳集如市．足證每次海行必泊長樂．）十二月於福建五虎門開洋．張十二帆．順風十晝夜到占城國．其國臨海有港曰新洲．（今安南歸仁．）西抵交趾．北連中國．他番寶船到彼．其酋長頭戴三山金花冠．身披錦花手巾。臂腿四腕俱以金鐲。足穿玳瑁履。腰束八寶方帶。如粧塑金剛狀。乘象前後（朱本景本並作護。）擁隨（原脫隨字。從朱本景本補。）番兵五百餘。或執鋒刃短鎗。或舞皮牌搥善（原脫善字。從朱本景本補。）鼓吹椰笛殼筒。其（朱本景本並作及。）部領皆乘馬出郊迎接　詔賞下象膝行匍匐感沐　天恩奏（朱本景本作奉。）貢方物。其國所產巨象犀牛甚多。所以象牙犀角廣貿別國。棋楠香在一山所產。酋長差人看守採取。禁民不得採取。如有私偷賣者露犯則斷其手。烏木降香民下樵而爲薪。氣候常（原脫常字。從朱本景本補。）熱如夏。不見霜雪。草木常靑（朱本景本並作春。）隨花隨結。（朱本景本並作隨開隨謝。）供民以煑海爲鹽。田禾甚薄。其國之人惟食檳榔裹蔞（三本均作蔞。今改。）葉包蠣殼灰。行住坐臥不絕於（朱本景本並作其。）口。不解正朔。但看月生爲初。月晦爲盡（朱本作月日之定。生爲初。月晦爲滿。景本作月日之。但有月生爲初。月晦爲滿。皆有脫文。）如此十次盈虧爲一歲。晝夜以善搥鼓十更爲法。酋長及民下非至午不起。非至子不睡。見月則飲酒歌舞爲樂。（朱本景本並作美。）酋長所居高廣。屋宇門牆俱（朱本景本並作以。）磚灰甃砌。及堅硬之（原脫之字。從朱本景本補。）木雕琢獸畜之形爲華飾。外週磚垣。亦有城郭之備。練兵之具。藥鏃刀標之屬。其部領所居亦分等第。門高有限。民下編茅覆屋。門不過三尺。過則即罪之。一國之食魚不腐爛不食。釀不生蛆不爲美。造酒以米和藥丸乾持入甕中。封固如法收藏。日久其糟生蛆爲佳醞。他日開封用長節竹竿三四尺者插入糟甕中。或團坐五人十人。量人入水多寡。輪次吸竹引酒入口。吸盡再入水。若無味則止。有味封留再用。歲時（原脫時字・從朱本景本補・）縱人採生人之膽鬻於官。其酋長或部領得膽入酒中。與家人同飲。又以浴身。（上四字朱本景本無・）謂之曰通身是膽。（此本島夷志略占城條・原文云・歲以上下元日縱諸人採生人膽・以鬻官家・官以銀售之・以膽調酒・與家人同飲・云通身是膽・使人畏之・亦不生疵癘也・）相傳屍（朱本作尸・景本誤戶・）頭蠻者。本是婦人也。但無瞳人爲異。其婦與家人同寢。夜深飛頭而去。食人穢物。（上二字朱本景本作糞尖・）飛頭而回。復合（原闕合字・從朱本景本補・）其體。仍活如舊。若知而封固其項。或移體別處。則死矣。人有病者臨糞時遭之。（上五字・朱本景本作遇食其糞・）妖氣入腹。病者必死。此婦人亦罕有。民間有而不報官者。罪及一家。（此本島夷志略賓童龍條・原文云・其尸頭蠻女子害人甚於占城・故民多廟事而血祭之・蠻亦父母胎生・與女子不異・特眼中無瞳人，遇夜則飛頭食人糞尖・頭飛去・若人以紙或布掩其項・則頭歸不接而死・凡人居其地・大便後必用水淨浣・否則蠻食其糞・即逐臭與人同睡・倘有所犯・則腸肚皆爲所食・精神盡爲所奪而死矣・）番人愛其頭。或有觸弄其頭者。必有生死之恨。男女椎（三本皆作堆・今改・）髻腦後。花布纏頭。上穿短布衫。腰圍色（原作花・從朱本景本改・）布手巾。其國無紙筆之具。但將（上二字原作以・從朱本景本改・）羊（原作牛・從朱本景本改・）皮搥薄熏黑。削細竹爲筆。蘸白灰書字。若蚯蚓委曲之狀。語言燕鵊。（疑爲鴂之訛・）全憑通事傳譯。

詩曰

聖運承天統雍熙億萬春。元戎持使節。頒　詔撫夷民。莫謂江山異。同霑雨露新。西連交趾塞。北接廣南津。酋長尤崇禮。聞風感聖人。（朱本作仁。）棋楠宜進貢。烏木代（原闕代字。從朱本景本補。）爲薪。筆寫羊皮紙。言談鴂（朱本景本並作鴃。）舌人。角犀應自縱。牙象尚能馴。蛆酒奇堪酌。尸蠻怪莫陳。遙觀光嶠外。頓覺壯懷伸。採摭成詩句。攄誠獻紫宸。

〔紀錄彙編本〕永樂七年。　太宗皇帝命正使太監鄭和王景弘等統官兵二萬七千餘人。駕海舶四十八號。往諸番國。　開讀賞賜。是歲秋九月自太倉劉家港開船。十月至福建長樂太平港停泊。十二月於五虎開洋。張十二帆。順風十晝夜至占城國。其國臨海有港曰新州。西抵交趾。北連中國地。海船到彼。其酋長頭戴三山金花冠。身披錦花手巾。臂腿四腕俱以金鐲。足穿玳瑁履。腰束八寶方帶。如粧塑金剛狀。乘象。前後擁番兵五百餘。或執鋒刃短鎗。或舞皮牌。搥鼓吹椰殼筒。其部領皆乘馬出郊迎　詔。下象膝行。匍匐感　恩。奏貢方物。其國所產巨象犀牛甚多。象牙犀角廣貨別國。棋楠香在一山所產。酋長差人禁民不得採取。犯者斷其手。烏木降香樵之爲薪。天無霜雪。氣候常熱如夏。草木常青。隨花隨結。煑海爲鹽。禾稻甚薄。國人惟食檳榔裹荖葉包蠡殼灰。行住坐臥不絕於口。不解正朔。但看月生爲初。月晦爲盡。如此十次盈虧爲一歲。晝夜善槌鼓十更爲法。酋長及民下非至午不起。非至子不睡。見月則飲酒歌舞爲樂。酋長所居屋宇門牆俱甎灰甃。及以堅木雕鏤獸畜之形爲華。外周磚垣。亦有城郭兵甲之防。藥鏃刀標之屬。其部領所居亦分等第。門高有限。民下編茅覆屋。魚不腐爛不食。釀不生蛆不爲美酒。以米拌藥丸乾和入甕中。封固如法收藏。日久其糟生蛆爲佳醞。他日開封。用長節竹幹三四尺者。插入糟甕中。或團坐五人。量人入水多寡。輪次吸竹飲酒。入口吸盡。再入水。若無味則止。有味留封再用。酋長歲時採生人膽入酒中。與家人同飲。又以浴身。謂之通身是膽。尸頭蠻者。本是婦人。但無瞳神爲異。其婦與家人同寢。夜深飛頭而去。食人穢物。飛回復合其體。卽活如舊。若知而封固其項。或移體別處。則死矣。人有病者臨糞時遭之。妖氣入腹必死。此婦人亦罕有。民間有而不報官者。罪及一家。番人戲之。觸弄其頭。必有生死之恨。男女椎髻腦後。花布纏頭。上穿短布衫。腰圍花布手巾。其國無紙筆。以羊皮槌薄熏黑。削細竹爲筆。蘸白灰書字。若蚯蚓委曲之狀。言語燕鴂。全憑通事傳譯。

賓童龍國 (Panduranga, Phanrang)

其國（景本下多一隸字・）與占城山地接連。有雙溪澗水澄清。佛書所云舍衞乞食。卽其地也。目連所居遺址尚存。（以上本島夷志略・原文云・佛書所稱王舍城是也・或云目連屋基猶存・）人物風土。草木。氣候。與占城大同小異。惟喪禮之事。能持孝服。設佛事而度死者。擇僻地而葬之。婚姻遇合。情意不忘。終乖人倫理。尸頭蠻（上二字原倒誤・景本朱本誤同・今改・）者。比占城害之（上二字朱本作之害・）尤甚。民多置廟。牲血祭之求禳。（以上本島夷志略・原文云・其尸頭蠻女子害人・甚於占城・故民多廟事・而血祭之云云・）酋長出入。或象或馬。一如占城王扮略同。從者前後百餘人。執盾讚唱曰亞曰僕。（島夷志略云、國王騎象或馬・打紅傘・從者百餘人・執盾讚唱曰亞或僕、）地產棋楠香。象牙。貨用金銀花布之屬。民下編茅覆屋而居。亦如占城。（朱本景本此下多一異字・）其食啖行止狀貌。可笑可嗟矣。

詩曰

海嶠賓童國。雙溪水色清。目連生育處。佛氏乞遊城。地（原作城・從朱本景本改・）窄民居（朱本作居民・）少。山多野獸鳴。

氣融氷（原誤水・從朱本景本改・）不識。日暖草叢生。喪禮微知孝。婚姻略備情。尸蠻營糞穢。妖廟祭犧牲。部領嗚鴉導鑾酋坐象行．棋楠從土產．花布恁商營．搜緝遺風俗．公餘仔細評．

〔紀錄彙編本〕其國與占城山地連接．有雙澗水澄清．佛書所云．舍衞乞食．卽此地也．目連所居遺址尚存．人物．風土．草木．氣候．與占城大同小異．惟喪事能持孝服．設佛而度死者．擇僻地瘞之．婚姻偶合．酋首出入．或象或馬．一如占城王．從者前後百餘人．執質讚唱曰亞曰僕．地產棋楠香．象牙．貨用金銀花布之屬．民下編茅覆屋以居．

靈山 (Cap Varella)

其處與占城山地連接．其山（上九字朱本景本無・）峻領（朱本景本作嶺・）而方．石泉下繞．如（上二字朱本景本無・）帶．山頂有石塊似佛頭．故名靈山．（上十二字・朱本景本無・）民居星散．結網爲業．田土肥．耕種一歲二收．氣候之節．男女之禮．（朱本景本並作規・）與占城大同小異．地產黑紋相對籐杖．（島夷志略作籐枝・）每條易斗錫一塊．若麁大而紋疎者．一錫易杖三條．次有（朱本景本並作得・）梹榔荖（原作萎・朱本同・從景本及島夷志略改・）葉．餘（朱本景本無餘字・）無異物．所產（上二字三本皆有・疑衍・否則此下應有脫文・）其往來販舶．必於此樵汲．（上二字・朱本景本作汲水採薪・）以濟日用．船（朱本景本並作舶・）人齋沐三日．崇佛諷經．然放水燈綵船。以禳人船之災。（此條亦多採島夷志略文。）

詩曰

靈山方石領。（朱本景本並作嶺。）其下有泉流。寥落民居少。豐登穀米稠。放燈祈佛福。賽愿便商舟。籐杖山中出。魚蝦海内求。梵經曾覩此。今日一遨遊。

〔紀錄彙編本〕其處與占城山地連接。其山峻嶺而方。有泉下繞如帶。山頂有一石塊似佛頭。故名靈山。民居星散。結網爲業。田肥耕種。一歲二收。氣候之節。男女之禮。與占城大同小異。地產黑文相對籐杖。每條易斗錫一塊。若麤大而紋疎者。一錫易杖三條。次有檳榔蔞葉。餘無異物。往來販舶必於此樵汲。船人齋沐三日。崇佛誦經。燃放水燈綵船。以禳人船之災。

崑崙山 (Pulo Condore)

其山節然瀛海之中。與占城及東西竺鼎峙相望。山高而方。根盤廣（朱本景本作曠。）遠。海人名曰崑崙洋（洋字疑衍。）凡往西洋商販之舶（上二字朱本景本無。）必待順風七晝夜可過。俗云上怕七洲。下怕崑崙。針迷舵失。人船莫存。語出島夷志略。此山產無異物。人無居原作屋。從朱本景本改。室。而食山菓魚蝦。穴居樹巢而已。末二字朱本景本作矣。

詩曰

鼎峙東西笠。節然瀛海區。惟愁針舵失。但念穴巢居。四季樹生菓。三餐蝦與魚。遐陬無別產。吟咏亦堪書。

〔紀錄彙編本〕其山節然瀛海之中。與占城及東西笠鼎峙相望。山高而方。山盤廣遠。海人名曰崑崙洋。凡往西洋販舶。必待順風七晝夜可過。俗云上怕七洲。下怕崑崙。針迷舵失。人船莫存。此山產無異物。人無居竈。而食山菓魚蝦。穴居樹巢而已。

交欄原作攔從朱本景本改。山 (Gelam is.)

自占城靈山起程。順風十晝夜可至。上十四字。朱本景本並旁注於國名下。其山高而叢林。籐竹。舵桿。桅檣。篷笮。無所不備。胡元之時。命將高興。史弼。領兵萬衆。駕巨舶征朱本景本作往。闍婆國。遭風至於交欄原作攔。從朱本景本改。山下。其船多損。隨登此山。造船百號。復征闍婆。得勝。原脫得勝二字。從朱本景本補。擒其酋長而歸。上二字。朱本作四國是知此之。景本作四國是此知之・）至今民居有（此下朱本景本多一義字・）中國人雜處。蓋此時有（原脫有字・從朱本景本補・）病卒百餘留養不歸。遂傳育於此。（上五字・朱本景本作而傳生育也・）氣候常暑。少米穀。（上三字・朱本景本作米穀稀少・）以射獵爲業。（上五字朱本作民好射爲業・景本作民好射獵爲業・）男女椎（朱本景本作堆・）髻穿短衫。繫巫崙布。地產豹、熊、鹿皮、玳瑁。貿易之（上三字・從朱本景本補・）貨用米穀。五色絹。青布。銅器。青碗之屬。（此條多採島夷志略・勾欄山條之文・）

詩曰（原脫詩・從朱本景本補・）

岌業交欄島。叢林擁翠圍。三春稀黍稷。四景有災威。當腦盤髽髻。披肩掛短衣。熊皮多美麗。玳瑁甚稀奇。使節仍臨涖。遺民亦願歸。遙觀瞻山海。得句樂心機。

〔紀錄彙編本〕自占城靈山起程。順風十晝夜可至。其山高而叢林籐竹舵桿桅檣蓬箬無所不備。胡元時命將高興史弼領兵萬衆。駕巨舶征闍婆。因遭風至交欄山下。其船多損。乃登此山造船百號。復征闍婆。擒其酋長而歸。至今居民有中國人雜處。蓋此時病卒百餘留養不歸。遂傳育於此。氣候常暑。少米穀。以射獵爲業。男女椎髻穿短衫。繫巫崙布。地產豹、熊、鹿皮、玳瑁。貨用米穀、五色珠、青布、銅器、青碗之屬。

暹羅國(Siam)

自占城順風十晝夜可至。景本國名下。旁注作自占城起程順風十晝夜可至。其國山形如城原脫城字。從朱本景本補。如朱本景本無如字。白石峭礪。朱本景本作孋。島夷志略作厲。周圍朱本景本並作地周。千里外山崎嶇。內嶺深邃。田平而沃。稼多原作穡。從朱本景本改。豐熟。氣候常熱。風俗勁悍。專尙豪強。侵掠鄰境。削檳榔木原作檳木。朱本景本作糠榔木。今改。爲標鎗。朱本景本無鎗字。水牛皮爲牌。藥鏃等器。慣習水戰。男女椎朱本景本作堆。髻。白布纏頭。穿長衫。腰束青花色布原脫色布二字。從朱本景本補。手巾。其酋長及民下謀議。上八字。原作其上下謀議。從朱本景本改。二本此下尚多百物出入錢穀煮海爲鹽產十一字。疑有錯訛。大小之事。悉決於婦。其男一聽苟合無序。上八字。朱本景本作其男一聽可與牝鷄之鳴爲合無序十四字。遇我原脫我字。從朱本景本補。中國男子甚朱本景本無甚字。愛之。必置酒致待而敬之。上五字原作飲待二字。從朱本景本改。歡歌留宿。婦人多爲尼姑。道士皆原脫皆字。從朱本景本補。能誦經持齋。服色略似中國之制。原脫之制二字。從朱本景本補。亦造原作在字。從朱本景本改。菴觀之所。原脫之所二字。從朱本景本補。能朱本作已。景本作以。重喪禮之事。原脫之事二字。從朱本景本補。人死氣絕。上二字。朱本景本作之時。必用水銀灌養其屍。而後擇高阜之地。設佛事。卽原脫卽字。從朱本景本補。葬之。釀蔗原誤林。從朱本景本改。爲酒。煮海爲鹽。上四字朱本景本無。俗以海䞈代錢通行原脫行字。從朱本景本補。於市。每一萬箇準中統鈔二十貫。島夷志略作準中統鈔二十四兩。地產羅斛香。焚極清遠。亞於沉香。次有（原誤其看。朱本誤同。景本作其有。島夷志略作次。今改。）蘇木、犀角、象牙、翠毛、黃蠟（原誤臘。從朱本改。）大風子油。貨用青白花（朱本景本無花字。）磁器印（朱本景本無印字。）花布、色絹、段疋、金銀、銅鐵、燒珠、水銀、雨傘之屬。其酋感慕 天朝遠惠。嘗遣使捧金葉表文貢獻方物。（末二十字朱本景本無。此條多採島夷志略文。）

詩曰

海內暹羅國。山形似壘城。三春花草盛。九夏稻禾榮。竟日男安坐。移時婦決行。髻端羅布白。腰下束花青。失序人倫亂。（原闕亂字。從朱本景本補。）無條禮（景本作理。）法輕。富尊酋長貴。豪俠庶民橫。香翠通商販。海𧴩如鈔行。蠻戎欽帝德。金表貢神京。

〔紀錄彙編本〕自占城順風十晝夜可至。其國山形如白石峭礪。周千里。外山崎嶇。內嶺深邃。田平而沃。稼穡豐熟。氣候常熱。風俗勁悍。專尚豪強。侵掠鄰境。削檳榔木爲標鎗。水牛皮爲牌。藥鏃等器。慣習水戰。男女椎髻。白布纏頭。穿長衫。腰束青花手巾。其上下謀議。大小事悉決於婦。其男女聽苟合無序。遇中國男子。甚愛之。必置酒飲待歡歌留宿。婦人多爲尼姑。道士能誦經持齋。服色略似中國。亦造菴觀。能重喪禮。人死氣絕。必用水銀灌養其屍。而後擇高阜之地。設佛事葬之。

釀林爲酒．煮海爲鹽．地產羅斛香．大風子油、蘇木、犀角、象牙、翠毛、黃蠟、以海𧴩代錢．每一萬箇准中統鈔二十貫．貨用青白花磁器、印花布、色絹、色段、金銀、銅鐵、水銀、燒珠、雨傘之屬．其酋感慕天朝遠惠．嘗遣使捧金葉表文貢獻方物．

爪（三本均作瓜・今改・）哇國 (Java)

古名闍婆．自占城起程．順風二十晝夜可至其國．（上十五字朱本景本並旁注在國名下・）地廣人稠．實甲兵器械．乃爲東洋諸番之衝要．（上二字原作雄・今從朱本景本改・）舊傳鬼子魔天．正於此地與一罔象青面紅身赤髮相合．凡生子百餘．常食啖人血肉．佛書所云鬼國．卽此地也．其中（上六字朱本景本作其中只此地也・）人被啖幾（朱本景本無幾字・）盡．忽一日雷震石裂．中坐一人．衆稱異之．遂爲國主．卽領兵驅逐罔象．而不爲害．後復（原作設後・景本同・從朱本改・）生齒而安業．乃至今國之移文．後書一千三百七十六年．考之肇啓漢初．傳至我宣德七年．（羅以智云・明史云・蓋漢宣帝元康元年乃其建國之始也・按元康元年丙辰・至宣德七年壬子・歷二十五甲子・爲一千四百九十七年・應肇啓於東漢光武帝中元二年丁巳・鈞案南海用塞迦紀年・晚於西歷七十八年・其紀元之始・應在漢章帝建初四年・算至宣德七年・應爲塞迦一千三百五十四年・此一千三百七十六年・當景泰五年・明史以漢宣帝元康元年爲其紀元之始・蓋史官之誤算也・）港口以入去馬頭曰新村．（瀛涯勝覽云・新村番名曰革兒昔・）居民環接．編茭三本皆誤菱・今改・樟葉覆屋。舖店連行爲市。買賣聚原誤娶・從朱本景本改・集。其國富饒。珍珠金銀朱本作寶・鴉鶻猫睛青紅。等石。硨磲瑪瑙荳蔻蓽茇上二字原作菱・朱本作蓽菱・景本作蓽菱・瀛涯勝覽爪哇土產有蓽撥・則原脫蓽字・而又誤茇作菱矣・梔原誤把・從朱本景本改・子花木香青鹽。無所不有。蓋在通商之處也。其鸚鵡嬰哥。馴能言語歌曲。其倒掛鳥身如雀。大被朱本景本作披・五色羽。日間焚香於其傍。夜則張羽翼而倒掛。張尾翅而放香。民俗好兇彊。但生子一歲則置刀於被。朱本景本作背・名曰不刺頭。以金銀象牙彫刻爲鞘。朱本景本誤靴・瀛涯勝覽作柄・凡男子自幼至老。貧富皆有插於腰間。若有爭論。不通罵詈。即拔原誤按・從朱本景本改・刀刺之。彊者爲勝。設被殺之。藏躲三日而出。此下原有去字・從朱本景本刪・即無事也。男子猱頭倮身。惟腰圍單帶景本同・朱本作布・手巾。能飲酒醞。景本同・朱本作醞酒・重財原誤則・從朱本景本改・輕命。婦人亦然。惟項上金珠聯紉。帶之兩耳塞茇原誤菱・景本誤同・從朱本改・樟葉圈於竅中。其喪事。凡其主翁原作公・從朱本景本改・之死。婢妾之衆。而對誓曰。上四字・朱本作相對而誓曰・死則同往。臨殯之日。妻妾奴婢皆滿頭帶花草。披五色手巾。隨屍至海邊或野地。將屍於沙地。得衆犬食盡爲好。如食不盡。則悲泣號歌。柴堆朱本作堆柴・於傍。衆婦坐原作於・從朱本改・其上。良久之際。縱火燒柴上二字原倒誤・從朱本景本改・而死。則殉葬之禮也。蘇魯馬益瀛涯勝覽一作蘇兒把牙・今華僑名其地曰泗水・亦一村地名也。爲市聚貨商舶米糧港口。有洲聚猢猻數百。傳聞於唐時。其家五百餘口。男婦兇惡。忽一日有僧至其家。乃言吉兇之事。其僧取水噀之。俱化爲獮[原誤稱・羅校作猿・今從朱本景本改。]猴。止留其老嫗不化。今存舊宅本處。及商者常設飲食檳榔花菓肉類而祭之。不然則禍福甚有驗也。此怪誕之事本不可記。[原誤計・從朱本改。]尤可爲之戒矣。杜板一村。亦地名也。海灘有水一泓。甘淡可飲。稱曰聖水。元時使將史弼高興因征其國。經月不下雨。舟中乏粮。軍士失措。史高[原作高史・從朱本景本改。]二將拜天祝曰。奉 命伐蠻。如天與水卽生。不與之則[原作郎・從朱本景本改。]死。祝之插鎗鹹[三本皆作醎・今改。]苦海灘。其泉水隨鎗湧出。水味甘甜。衆軍吸而飲之。乃令曰。天賜助爾。兵威大振。喊聲奮殺。番兵百萬餘衆。悉皆敗走。遂已登岸。隨殺隨入。生擒番人。煮而食之。至今稱爲中國能食人也。獲囚酋長歸國。服罪放歸。改封爲爪[三本皆誤瓜・今改。]哇國王也。欽遵我朝 皇上遣正使太監鄭和等節該齎[原誤齋・景本作賫・從朱本改。]捧 詔勅賞賜國王正妃及其部領村王[三本皆作王・疑爲主之誤。]民下草木咸受天福。其國王臣既沐 天恩。遣使絡繹不停。鞏捧金筒葉表文。貢獻方物。

詩曰

古是闍婆國。曾遭鬼母殃。震雷驚石裂。深穴見人藏。歡忭[原作帖・從朱本改。]皆知異。扶持衆立王。人民從教化。罔象被驅亡。婦女誇家富。上二字原倒誤・從朱本景本改・男兒縱酒強。嬰哥時刷翠。倒掛夜分香。婚娶吹椰殼。人隨禦竹鎗。田疇禾稼盛。商賈貨財昌。洲上原闕上字・從朱本景本改・獼猴聚。溪邊祭祀忙。蠻夷遵　聖詔。永世沐恩光。

〔紀錄彙編本〕古名闍婆。自占城起程。順風二十晝夜可至其國。地廣人稠。甲兵爲東洋諸番之雄。舊傳鬼子魔天與一罔象青面紅身赤髮相合。凡生子百餘。常食啖人血肉。佛書所云鬼國。卽此地也。其中人被啖幾盡。忽一日雷震石裂。中坐一人。衆稱異之。遂爲國主。卽領餘衆驅逐罔象而除其害。復生齒安業。至今其國之遺文後書一千三百七十六年。考之肇在漢時。至我　大明宣德七年矣。其港口入去馬頭曰新村。居民環接。編茭樟葉覆屋。輔店連行爲市。買賣。其國富饒。珍珠金銀鴉石猫睛青紅等石硨磲瑪瑙荳蔻蓽茇子花木香青藍無所不有。蓋通商旅最衆也。其鸚鵡鸚哥孔雀能馴言語歌曲。其倒掛鳥身形如雀。而羽五色。日間焚好香則收而藏之羽翼間。夜則張尾翼而倒掛以放香。民好兇強。生子一歲便以匕首佩之。名曰不刺頭。以金銀象牙雕琢爲靶。凡男子老幼貧富皆佩於腰間。若有爭詈。卽拔刃相刺。蓋殺人逃三日而出卽無事矣。男子猱頭裸身。腰圍單布手巾。能飲酗酒。重財輕命。婦人亦然。惟項金珠聯紉帶之。兩耳塞茭樟葉圈於竅中。其喪事。凡主翁病死。婢妾輩相對而誓曰。死則同往。臨殯之日。妻妾奴婢皆滿頭簪草花。披五色手巾。隨屍至海邊或野地。舁屍於沙地。俾衆犬食盡爲好。如食不盡。則悲歌號泣。堆柴於旁。衆婦坐其上。良久乃縱火燒柴而死。蓋殉葬之禮也。蘇魯馬益。一地名也。爲市聚貨商舶米糧港口。有聚獼猻數百。相傳唐時其家五百餘口。男婦兇惡。忽一日有僧至其家。與言吉凶之事。其僧取水噀之。俱化爲猿猴。止留一老嫗不化。今存舊宅。土人及商者常設飯食檳榔花果肉類以祭之。不然則禍甚驗也。杜扳。一村之地名也。海灘有水一泓。甘淡可飲。稱爲聖水。元時使將史弼高興征其國。經月不下。舟中乏水。糧盡。二將拜天祝曰。奉天伐蠻。若天與我水卽生。不與則死。遂插鎗鹹苦海中。其泉隨鎗湧起。水味甘甜。衆軍汲而飲之。乃令曰。天賜助我。可力戰也。兵威由是大振。喊聲奮擊。番兵百萬餘衆悉敗走。乘勝長驅。生擒番人。烹而食之。至今稱中國能食人也。遂獲酋長以歸。既服罪。尋放還。仍封爲爪哇國王。我　朝　太宗文皇帝遣正使太監鄭和等捧詔勑賞賜國王王妃及部領村主。咸受　天賜。其國王遣使絡繹進貢方物。

舊港 (Palembang)

古名三佛齊國。自爪（三本皆誤瓜。今改。）哇國起程。順風八晝夜至。（上十二字。朱本景本傍注在國名下。）自港入去。田土甚肥。倍於他壤。古云一季種穀。三季生金。言其米穀盛而爲金也。（島夷志略云。一年種穀。三年生金。言其穀變而爲金也。）民故富饒。俗囂好淫。有操略。水戰甚慣。其處水多地少。部領者皆在岸邊居室之用（羅校作周。）匝民僕而宿。其餘民庶皆置木筏上蓋屋而居。若近溪船以木樁拴閘。設其水漲。則筏浮起。不能淹沒也。或欲別居。起樁去之。連屋移拔。不勞其力。此處之民。爪（三本皆誤瓜。今改。）哇所轄。風俗與爪（三本皆誤瓜。今改。）哇大同小異。地產黃熟香。速（上二字原誤番速。景本誤番迷。從朱本改。）香、降香、沉香、黃蠟、幷鶴頂之類。貨用燒煉五色珠、青白磁器、銅鼎、五色布絹、色段、大小磁器、銅錢之屬。永樂三年。我朝　太宗文皇帝命正使太監鄭和等統領舟師往諸番國。海寇陳祖義（原誤文。從朱本景本改。）等聚衆（原脫衆字。景本同。朱本作衆。應脫聚字。今補。）三佛齊國抄掠番商。亦來犯我舟師。被我正使深機密策。若張網獲獸而殄（原誤珍。從朱本景本改。）滅之。生擒厥魁。獻俘　闕下。由此海內振肅。

詩曰

瀕海沙泥地。田禾熟倍金。男兒多狠暴。女子甚哇嬌。地僻蠻夷。逆天差正使擒。俘囚獻闕下。四海悉欽遵。

〔紀錄彙編本〕古名三佛齊國。自爪哇順風八晝夜可至。其處自港口入去。田土甚肥。倍於他壤。古云一年種穀。三年生金。言其米穀盛而多貿金也。民故富饒。俗囂好嬌。水戰甚慣。其處水多地少。部領者皆在岸造屋居之。周匝皆僕從住宿。其餘民庶皆於木筏上蓋屋而居。以木樁拴閘。或水長則筏浮起。不能沒也。或欲別居。起樁去之。連屋移徙。不勞財力。今爲爪哇所轄。風俗與爪哇大同小異。地產黃熟香、速香、降香、沉香、黃蠟、鶴頂之類。貨用燒煉五色珠、青白磁器、銅鼎、五色布、絹、色段、大小磁甕、銅錢之屬。永樂十三年。鄭和等統舟師往諸番國。海寇陳祖義等聚衆於三佛齊國。抄掠番商。欲來犯我舟師。和等伏兵敗之。生擒厥魁。獻俘 闕下。由是薄海內外罔不清肅。

滿剌加國(Malaka)

其處舊不稱國。自舊港起程。順風（上二字原無。從朱本景本補。）八晝夜至此。（上十二字朱本景本並旁注在國名下。）傍海居之。（上二字原倒誤。從朱本景本改・）山孤人少．受降於暹羅．每歲輸金四十兩以爲納稅．田瘠少收．內有一山泉流溪下．民以流中淘沙取錫．煎銷成塊．曰斗塊．（原誤魁・羅校作錫・今從朱本景本改作塊・）每塊重官秤一觔四兩．及織蕉心簟．惟以斗錫通市．餘無產物．氣候朝熱暮寒．男女椎（三本皆作堆・羅校作椎・今從之・）髻．身膚黑漆．間有白者．唐人種也．俗尚惇厚．以淘釣（原誤淘鈞・朱本誤陶鈞・從景本改・）於溪．網（原誤綱・從朱本景本改・）漁於海．房屋如樓閣．即不舖設．但有不（三本皆作不・疑爲木之誤・）條稀布．高低層次．連床就榻．箕倨（原作居・從朱本改・）而坐．飲食廚廁俱在其上也．貨用青白磁器．五色燒珠．色絹．金銀之屬．永樂七年．皇上命正使太監鄭和等齎（原誤齊・從朱本改・）捧詔勅．賜以雙臺銀印．冠帶袍服．建碑封域．（朱本作城・）爲滿剌加國．其暹邏始不敢擾．永樂十三年．（原作七年・羅校作十三年・與景本合・今從之・朱本作十二年・亦誤・）酋長感慕聖恩．挈妻携子貢獻萬物．涉海朝謝．聖上賞勞歸國．

詩曰

滿剌村寥落．山孤草木幽．青禾田少種．白錫地多收．朝至熱如暑．暮來涼似秋．羸（疑爲嬴之誤・）形漆膚體．椎（三本皆作堆・羅校作椎・今從之・）髻布纏頭．鹽煮海中水．身居柵上樓．夷區風景別．賦咏採其由．

〔紀錄彙編本〕其處舊不稱國．自舊港順風八晝夜可至．其國傍海．山孤人少．受弱於暹羅．每歲輸金四十兩爲稅．田瘠少收．內有山泉流爲溪．於溪中淘沙取錫．煎成塊曰斗錫．每塊重官秤一斤四兩．及織芭蕉心簟．惟以斗錫通市．無他產．氣候朝熱暮寒．男女椎髻．身膚黑漆．間有白者．唐人種也．俗尚淳厚．民淘錫網魚爲業．屋如樓閣而不鋪板．但用木高低層布．連床就榻．箕踞而坐．飲食廚廁俱在上．貨用青白磁器．五色燒珠．色絹．金銀之屬．永樂七年．鄭和等捧　詔勅賜銀印冠帶袍服．建碑封爲滿剌加國．暹羅始不敢擾．十三年．酋長感慕　聖恩．挈妻子涉海入朝貢方物．賞勞之使歸國．

九洲（原作州．從朱本景本改．）山 (Pulo Sembilan)（南海羣島中名九洲者不祇一處．伯希和謂此九洲應在蘇門答剌島淡洋 (Tamiang) 港之南．惟本條有其山與滿剌加國接境語．所指者似爲馬來半島之九洲山．）

其山與滿剌加國接境．產沉香．黃熟香．水（疑爲林之訛．）木叢生．枝葉茂翠．永樂七年．正使太監鄭和等差官兵入山採香．得徑有（上五字．原作採得有徑四字．從朱本改．景本同朱本．惟誤徑作經．）八九尺．長八九丈者六株．香清味遠．黑花細紋．其實罕哉．番人皆張目吐舌．悉皆稱讚天兵之力．㝡㝡之神．蛟龍（原脫龍字．從朱本補．）走兔（原脫兔字．從朱本景本補．）虎奔也．

詩曰

九洲（原作州・從朱本景本改・）山色秀。遠見鬱蒼蒼。四面（朱本作鄙・景本誤海・）皆環海。滿枝都是香。樹高承雨露。歲久表禎祥。（原誤歲・朱本闕・從景本改・）採伐勞天使。回朝獻帝王。

〔紀錄彙編本〕其山與滿剌加近。產沉香。黃熟香。林木叢生。枝葉茂翠。永樂七年。鄭和等差官兵入山採香。得徑有八九尺。長六七丈者六株。香味清遠。黑花細紋。山人張目吐舌。言我天朝之兵威力若神。

蘇門答剌國（Samudra）

（今地在蘇門答剌島西北(Pasè)河沿岸・明史謂後改名曰啞齊(Achin)・誤也・）

古名須文達那。（島夷志略作須文答剌・）與花面國相近。村落傍海。田瘠少收。胡椒廣產。椒藤延附樹木而生。其葉如匾豆。（原誤作額・景本作荳・從朱本改・）其花開黃白。結椒乃纍垂。如棕櫚子而粒少也。只番秤一播荷。（原誤蕎・景本誤同・朱本作荳・從瀛涯勝覽柯枝條譯名改・）抵我（原作家・景本同・從朱本改・）官秤三百二十觔。價銀錢二十箇。重銀（原誤鉅・景本誤同・從朱本改・）六兩。金抵納（瀛涯勝覽作底那兒・）卽（原誤銀・景本誤同・從朱本改・）金錢也。每四十八箇。重金壹兩四分。（景本同・西洋朝貢典錄亦作壹兩四分・惟朱本及四卷本作五兩二錢・）

風俗頗淳。民下網魚爲生。朝駕獨木刳舟張帆而出海。暮則回舟。男子頭纏白布。腰圍摺布。婦女椎三本皆作堆。今改。髻裸體。腰圍色布手巾。產鶴頂。其瓜茄橘柚酸甜之菓。一種五年常花常結。有一等菓皮若荔枝。此下原多皮若荔枝四字。景本同。從朱本删。如瓜大。未剖之時。甚如爛蒜之臭。剖開取囊如酥油。原脫油字。從朱本景本補。美香可口。原脫可口二字。從朱本補。煑海爲鹽。貨用青白磁器、銅錢、金銀、爪三本皆作瓜。今改。哇布。色絹上五字原作瓜哇瓜色色絹。從朱本景本改。之屬。

永樂十一年。僞王蘇幹原脫幹字。從朱本補。景本作斡。刺寇竊其國。王遣使赴闕原誤闕。朱本誤同。從景本改。陳訴請救。上命正使太監鄭和等統率官兵勦捕。生擒僞王。至永樂十三年歸獻闕下。諸番振服。

詩曰

一覽蘇門境。山泉劃原誤割。從景本補。界流。胡椒林抄結。民屋海邊幽。地瘠原誤。從朱本景本改。收禾薄。山高產木稠。三春霑雨浩。四季瘴烟浮。男子頭纏布。嬰孩體木猴。瓜茄常歲有。橘柚不時收。朝熱渾原闕渾。從朱本景本補。如暑。暮寒還似秋。精鹽色霜雪。臭菓味酥油。若箇夷風俗。中華原誤華。從朱本景本改。解此否。

〔紀錄彙編本〕古名須文達那。自滿剌加順風九晝夜可至。其國傍海村落。田瘠少收。胡椒蔓生。延蔓附樹。枝葉如扁豆。花間黃白。結椒纍垂如櫻櫚子。但粒小耳。番秤一播荷。抵我官秤三百二十斤價銀錢二十箇重銀六兩金抵納卽金錢也。每二十箇重金五兩二錢。風俗頗淳。民綱魚爲生。朝駕獨木刳舟張帆出海。暮則回舟。男子髮纏白布。腰圍梢布。婦女椎髻裸體。腰圍色布手巾。其瓜茄一種五年結子再種。橘柚酸甜之果常花常結。其有一等瓜皮若荔枝。如瓜大。未剖之時甚臭如爛蒜。剖開如囊。味如酥油。香甜可口。煑海爲鹽。釀茭樟子爲酒。貨用青白磁器、銅鐵、爪哇布、色絹之屬。永樂十一年。僞王蘇幹剌寇侵本國。酋長遣使赴闕陳訴請救。太宗皇帝命鄭和等就率官兵勦捕。生擒僞王。至永樂十三年歸獻闕下。諸番震服。

花面國(Battak)　瀛涯勝覽一作那孤兒。

其處與蘇門答剌國接境。逶迤（原誤遠迤・景本誤同・羅校作逶迤・今從之・朱本作迤迴・殆爲迤邐之誤・）山地。田足稻禾。氣候不常。風俗尚淳（朱本作淳・）厚。男女大小皆以黑汁刺面爲花獸之狀。（上五字原作花獸之面・景本同・今從朱本改・）猱頭裸體。單布圍腰。孳生牛羊鷄鴨。羅布（原誤市・景本誤同・從朱本改・）强不奪弱。上下自耕自食。富不倚驕。貧不生盜。可爲一區之善（原誤宜・景本誤同・從朱本改・）也。（羅以智云・按說海本末有地產香味・青蓮花近布・那孤兒一山產硫黃・我朝海船駐札蘇門答剌・差人於其山採取硫黃・貨用段帛磁器之屬・）

詩曰

蠻域觀風異。融和草木深。山高分地界。物阜慰民心。腰布羞還掩。顏花墨半侵。牛羊迷綠野。鷄鴨賣黃金。頗富知仁義。雖貧肯濫婬。那堪採夷俗。援筆寫新吟。

〔紀錄彙編本〕其國與蘇門答剌鄰境。傍南巫里洋。逶迤山地。田足稻禾。氣候不常。風俗淳厚。男子皆以墨刺面爲花獸之狀。猱頭裸體。單布圍腰。婦女圜色布。披手巾。椎髻腦後。地多出牛羊鷄鴨。羅布强不奪弱。上下自耕而食。富不驕。貧不盜。可謂善地矣。地產香味青蓮花近布那姑兒一山產硫黃。我　朝海船駐札蘇門答剌。差人船於其山採取硫黃。貨用段帛磁器之屬。其酋長感慕　恩賜。常貢方物。

龍牙犀角(Lenkasuka)

地在馬來半島。古之狼牙修也。

其地內平而外尖。民下蟻附而居之。氣候常熱。田禾勤熟。俗尙淳厚。男女椎三本皆作堆。今改。髻。圍麻逸原作迤。從朱本景本改。布。穿短衫。以親戚尊長爲重。一日不見。則携酒原誤手。從朱本景本改。持殽而問安。煮海爲鹽。釀秫爲酒。地產沉速。（原誤迷。景本誤同。朱本作連。今改。）降眞、黃熟香、鶴頂、蜂蜜、砂糖。貨用土印布、八都剌布、青白磁器之屬。

（羅以智按說海本首有離麻逸凍順風三晝夜程。）

詩曰

遙望玆山勢。龍牙犀角（原誤象。從朱本景本改。）峯。居民（原倒誤作民居。從朱本景本改。）如蟻附。椎（三本皆作堆。今改。）髻似猴容。汲海鹽煎雪。懸崖窑掇蜂。布稍（原誤爲。景本誤同。從朱本改。）圍體厚。秫米造漿濃。氣候常同夏。林花不（原誤夏。從朱本景本改。）較冬。問安行禮節。千載見遺風。

〔紀錄彙編本〕（地名作龍牙加貌。）其地離麻逸凍順風三晝夜程。內平而外峯。民蟻附而居。氣候常熱。田禾勤熟。俗尙敦厚。男女椎髻。圍麻逸凍布。穿短衫。以親戚尊長爲重。一日不見則携酒殺問安。煑海爲鹽。釀秫爲酒。地產沉速、降香、黃蠟、鶴頂、蜂蜜、砂糖。貨用印花布、八察都布、青白花磁器之屬。

龍涎嶼（Bras is.）

獨然南立海中。（應從四卷本作獨立南巫里洋中。）此嶼浮艷海面。波擊雲騰。（原誤被擊云滕。景本作彼繫云騰。羅改作波激雲騰。）每至春間。羣龍所（朱本作來．）集．於上交戲．而遺涎沫．番人乃架獨木舟登此嶼．採取而歸．設遇風波．則人俱下海．一手附舟傍．一手楫水而至岸也．其龍涎初若脂膠．黑黃色．頗有魚腥（原作鯹．從朱本景本改．）之氣．久則成就大泥．（景本同．朱本作塊．）或大魚腹中剖出．若斗大（上二字原作團．從朱本景本改．）圓珠．亦覺魚腥．（原作鯹．景本同．從朱本改．）間焚之．其發清香可愛．貨於蘇門之市．價亦非輕．官秤一兩．用彼國金銀十二個．一斤該金錢一百九十二個．准中國銅（此下多一銅字．應衍．）錢四萬九十（朱本作千．）文．尤其貴也．

詩曰

一片平方石．羣龍任往還．身騰（原誤勝．從朱本景本改．）霄漢上．交戲海波間．吐沫人爭取．挐舟路險難．邊夷曾見貢．憔笑動天顏．

〔紀錄彙編本〕望之獨峙南巫里洋之中．離蘇門答剌西去一晝夜程．此嶼浮灩海面．波激雲騰．每至春間．羣龍來集．於上交戲．而遺涎沫．番人挐駕獨木舟．登此嶼．採取而歸．或風波．則人俱下海．一手附舟旁．一手揖水而得至岸．其龍涎初若脂膠．黑黃色．頗有魚腥氣．久則成大塊．或大魚腹中刺出．若斗大．亦覺魚腥．焚之清香可愛．貨於蘇門答剌之市．官秤一兩．用彼國金錢十二箇．

一斤該金錢一百九十二箇。准中國銅錢九千箇。價亦非輕矣。

翠藍嶼 (Nicobar is.)

其山大小有七門。中可行（朱本景本作過。）船。傳聞釋迦佛經此山。浴於水。被竊其袈裟。佛誓（原作誓。景本作勢。從朱本改。）云。後有穿衣者。必（原脫必字。從朱本景本補。）爛（朱本下多一其字。）皮肉由此男女削髮無衣。僅（朱本景本作近。）有樹葉紉結而遮前後。米穀亦無。惟在海網捕漁蝦及蕉椰子之爲食啖也。然（此島首見義淨大唐西域求法高僧傳卷下。名曰裸人國。瀛涯勝覽名曰裸形國。附見錫蘭條。景本同。朱本作雖。）聞此語。未可深信。然其往來未得泊其山下。宣德七年壬子十月二十三日。風雨水不順。偶至此山泊繫三日。夜山中之人駕獨木舟來貨椰實。舟中男婦果如前言。始知不謬矣。（羅以智云。按說海本首有在龍涎之西北五晝夜程。）

詩曰

浩蕩翠藍嶼。叢林茂不疎。人形眞獸類。椰實似瓜麤。腰掩草微有。頭髡髮竟無。幾（原誤機。從朱本景本改。）番揮筆。寫堪記不堪圖。

〔紀錄彙編本〕其山在龍涎之西北五晝夜程。大小七門。門中皆可過船。傳聞釋迦佛昔經此山。浴於水。被竊其袈裟。佛誓云。後有穿衣者必爛其皮肉。由此男女今皆削髮。無衣。止用樹葉紉結而遮前後。米穀亦無。惟下海網魚蝦及種芭蕉椰子爲食。然船去未嘗得泊山下。宣德壬子十月二十二日。因風水不偶至此山泊繫三日夜。山中之人駕獨木舟來貿椰實。舟中男婦果如前言。

錫蘭山國 (Silan, Ceylan)

其國地廣人稠。貨物各（四卷本作多。）聚。亞於爪（三本皆作瓜。今改。）哇。國有高山參天之叢山。山頂產有青美盤石。黃雅鶻石。青紅寶石。每遇大雨。衝流山下沙中。尋拾得者。其海傍有珠簾沙。常此（朱本作以。）網取螺蚌傾入珠池內。作爛淘珠爲用而貨也。海邊有一盤（原誤磐。從朱本景本改。）石。上印足跡。長三尺許。常有水不乾。稱爲先世釋迦佛從翠藍嶼來登此岸。足躡（原誤囁。從朱本景本改。）其跡。至今爲聖跡也。山下有一寺。稱爲釋迦佛涅槃眞身在寺側臥。尚存。亦有舍利子在其寢處。氣候常熱。俗朴富饒。米穀足收。地產寶石、珍珠、龍涎、乳香。貨用金銀銅錢。青花白磁。色段。色絹之屬。男女纏頭穿長衫。圍單布。永樂七年 皇上命正使太監

鄭和等齎捧　詔勅。金銀供器。彩粧織金寶幡。布施於寺。及建石碑。此碑已在民國初年發現。吾友向覺明達近從倫敦抄寄碑文。首曰。大明皇帝遣太監鄭和王清濂等昭告于佛世尊云云。後列布施金銀織金紵絲寶幡香爐花瓶綵絲表裏燈燭等物。末題永樂七年歲次己丑二月甲戌朔日謹記。下有番字。一種是 Tamil 文。一種是波斯文。惟山本達郎在鄭和西征考（東洋學報第二十一卷）中謂所見此碑拓本第二人名作王貴通。　以崇　皇圖之治。賞賜國王頭目。其王亞烈苦柰兒原誤亞列若柰鬼。朱本同。惟列作烈。景本作亞烈苦柰鬼。並誤。今改正。負固不恭。謀害舟師。我正使太監鄭和等深機密策。暗設兵器。三令五申。使衆啣枚原誤敉。從朱本景本改。疾走。夜半之際。信砲一聲。奮勇殺入。生擒其王。至永樂九年歸獻　闕下。明太宗實錄卷一一六記載此役較詳。尋蒙恩宥。俾復歸國。四夷悉欽。羅以智云。按說海本。首有自蘇門答剌順風十二晝夜可至。

詩曰

地廣錫蘭國。營商亞爪三本皆作瓜。今改。哇。高峯生寶石。大雨雜泥沙。淨水宜眸子。神光臥釋迦。池深珠燦爛。枝茂樹交加。出物奇偏貴。遺風富且奢。立碑當聖代。傳誦樂上二字原闕。從朱本景本補。無涯。

〔紀錄彙編本〕其國自蘇門答剌順風十二晝夜可至。其國地廣人稠。貨物多聚。亞於爪哇。中有高山參天。山頂產有青美藍石。黃鴉鶻石。青紅寶石。每遇大雨。衝流山下。沙中拾取之。其海旁有珠簾沙。常以網取螺蚌。傾入池中。作爛淘珠。貨之。海邊有一盤石。上印足跡。長三尺許。常有水不乾。稱爲先世釋迦佛從翠藍嶼來登此山。足躡其跡。至今常存也。下有寺。稱爲釋迦佛涅槃眞身側臥在寺。亦有舍利子。在其寢處。氣候常熱。民俗富饒。米穀豐足。地產寶石。眞珠。龍涎香。乳香。貨用金錢。銅錢。青花白磁器、色段色絹之屬。男女纏頭。穿長衫。圍單布。永樂七年鄭和等齎 詔勑。金銀供器。綵粧。織金寶幡。布施於寺。及建石碑。常賜國王頭目。其王亞烈苦柰兒負固不供。謀害舟師。太監鄭和潛備先發制之。使衆銜枚疾走。半夜聞砲。則奮擊而入。生擒其王。至永樂九年歸獻 闕下。尋蒙 恩宥。俾復舊國。由是西夷畏威懷德。莫不向化矣。

小唄喃國 (Kulam, Qulion) 小唄喃譯名出島夷志略・明史作小葛蘭・出瀛涯勝覽・

山連赤土。地接下里。三本皆作下里・羅校改作古里・誤・下里城昔在印度西岸 Cannanore・今廢・元時馬可波羅行記已有著錄・日中爲市。西洋諸國之馬頭也。本國流通使用金錢。名倘伽數。三本皆作數・應從四卷本作每・箇重八分。金錢名吧喃。瀛涯勝覽柯枝條作法南・古里條作吧南・四十箇準大金錢一箇。以便民也。田瘠原誤・從朱本景本改・而穀少。歲籍三本皆作籍・疑爲藉之誤・榜葛剌米足食。氣候原誤俱・從朱本改・常熱。風淳俗美。男少女多。有南毗朱本作喃吡・景本作南北・諸蕃志亦作南毗・人。地產胡椒。亞於下里。三本皆作下里・羅校改作古里・誤・乾檳榔。

波羅密色布、其木香、乳香、眞珠、珊瑚、酥油、孩兒茶、梔（原誤作桅。從朱本景本改。）子花。皆自他國也。貨用丁香、荳蔻、蘇木、色叚、麝香、金銀銅器、鐵線、黑鉛之屬。

詩曰

西海哄喃國。諸蕃貨殖通。人情應各別。花木揔（原誤花揔相。朱本作花木悅。從景本改。）相同。珠子光涵（原誤涵。景本誤晗。從朱本改。）白。珊瑚色潤紅。何由男與女。混雜自遺風。

〔紀錄彙編本〕（國名作小葛蘭。）山連赤土地。與柯枝國接境。日中爲市。西洋諸國之馬頭也。本國通使大金錢名儻伽。每箇重八分。小金錢名吧喃。四十箇准大金錢一箇。田瘠少收。歲藉榜葛剌國米爲食。氣候常熱。風俗小淳。男女多回回哺吡人。地產胡椒。亞於下里。乾檳榔、波羅蜜、色布、其木香、乳香、眞珠、珊瑚、酥油、孩兒茶、梔子花。皆自他國來也。貨用丁香、荳蔻、色叚、麝香、金銀銅鐵器、鐵線、黑纓之屬。

柯枝國 (Koči, Cochin)

其處與錫蘭山國對峙。氣候常熱。田瘠少收。村落傍海。風俗頗淳。男女椎（三本皆作堆。今改。）髻、穿短衫、圍單布、其有一種曰木瓜。無屋居之。惟穴居樹巢。臨海捕魚爲業。男女倮體。紉結樹葉或草數莖遮其前後之羞。行路遇人則蹲縮於（原脫於字。從朱本景本補。）道傍。伺過方行也。地產胡椒甚廣。富家俱置板倉貯之。以售商販。行使小金錢名吧喃。貨用色段、白絲、青白花磁器、金銀之屬。

詩曰

嗟彼柯枝國。山連赤鹵場。穴居相類獸。市集更通商。米穀少收實。胡椒積滿倉。恩宣中使至。隨處識蠻鄉。

〔紀錄彙編本〕其處與錫蘭山對峙。內通古里國界。氣候常熱。田瘠少收。村落傍海。風俗頗淳。男女椎髻、穿短衫、圍單布。又一種曰木瓜。無屋舍。惟穴居巢樹。入海漁魚爲業。男女裸體。紉結樹葉或草遮其前後。行人遇人則蹲避道傍。俟過方行。蓋避羞也。地產胡椒甚廣。富家俱置板倉貯之。以售商販。行使小金錢名吧喃。貨用色段、白絲、青花白磁器、金銀之屬。其酋長感慕　聖恩。常貢方物。

古里國 (Kalikut, Calicut)（島夷志略作古里佛）

當巨。（原誤居・從朱本景本改・）海之要。去僧伽（島夷志略作僧加剌・即錫蘭山之梵名・此處僧伽應是僧加剌之省稱・）密邇。（三本皆誤通・從島夷志略改・）亦西洋諸番之馬頭也。山廣田瘠。麥穀頗足。風俗甚厚。行者讓路。道不拾遺。法無刑杖。惟以石灰劃地。乃爲禁令。酋長富居深山。傍海爲市。聚貨通商。男子穿長衫。（原闕衫字・從朱本景本補・）頭纏白布。其婦女穿短衫。圍色布。兩耳懸帶金牌絡索（原誤洛色羅・校改作絡索・與朱本合・景本誤洛索・）數枚。其項（原誤頂・從朱本景本改・）上珍珠寶石珊瑚連（原脫連字・從朱本景本補・）掛瓔珞。臂腕足脛皆金銀鐲。手足指皆金廂寶石戒指。髻堆腦後。容白髮黑。嬌美可觀。其有一種裸身之人曰木瓜。與柯枝同。地產胡椒。亞於下里。俱有倉廩貯之。待商之販。有薔薇露。波羅蜜。孩兒茶。印花被面手巾。其有珊瑚、珍珠、乳香、木香、金箔（應從四卷本作珀・）之類。皆由（原誤有・從朱本景本改・）別國而（原作之・朱本同・從景本改・）來。其國能蓄好馬。自西蕃而來。動經錢千（原誤十・從朱本景本改・）百爲疋。其國若西番馬來。本國馬來。不買則議爲國空之言也。貨用金銀。色段、青花白磁器、珍珠、麝香、水銀、樟腦之屬。（羅以智按說海本首有錫蘭山起程順風十晝夜可到・）

詩曰

古里通西域。山青景色奇。路遺他不拾。家富自無欺。酋長施仁恕。人民重禮儀。將書夷俗事。風化得相宜。

〔紀錄彙編本〕錫蘭山起程。順風十晝夜可至。其國當巨海之要嶼。與僧迦密邇。亦西洋諸國之馬頭也。山廣地瘠。麥穀頗足。風俗甚厚。行者讓路。道不拾遺。法無刑杖。惟以石灰畫地。乃爲禁令。其酋富居深山。傍海爲市。聚貨通商。男子穿長衫。頭纏白布。婦女穿短衫。圍色布。兩耳懸帶金牌絡索數枚。其項上眞珠寶石珊瑚連掛纓絡。臂腕足脛皆金銀鐲。手足指皆金銀廂寶石戒指。髮堆腦後。容白髮黑。其有一種裸身之人曰木瓜。與柯枝國同。地產胡椒。亞於下里。俱有倉廩貯之。以待商販。有薔薇露、波羅蜜、孩兒茶、印花被面手巾。其有珊瑚、眞珠、乳香、木香、金珀之類。皆由別國來。其好馬自西番來。匹價金錢千百。貨用金銀、色段、青花白磁器、燒珠、麝香、水銀、樟腦之屬。酋長感慕 聖恩。常遣使捧金葉表文貢獻方物。

忽魯謨斯國 (Ormuz)

其國傍海而居。聚民爲市。地無草木。牛羊馬駝（原誤馳。景本同。朱本作馱。從四卷本改。）皆食海魚之乾。風俗頗淳。壘石爲城。酋長深居。練兵蓄馬。田瘠麥廣。米穀少收。民下富饒。山連五色。皆是鹽也。鑿之鏇爲器皿（原脫皿字。從朱本補。）盤碟之類。食物就而不知鹽也。壘堆石而（原脫而字。從朱本景本補。）爲屋。有三四層者。其廚廁臥室待客之所俱在上也。男子拳髮。穿長衫。善弓矢騎射。女子編髮四垂。黃𦈱（四卷本作漆。）其項。穿長衫。（自善字以下十八字。從朱本景本補。）出則布幔（三本均誤慢。今改。）兜頭。面用紅青紗一方（原誤萬。從朱本景本改。）蔽之。兩耳輪用（朱本作各。四卷本作周。）掛珞𤥭金錢數枚。以青石磨水粧點眼眶唇臉花紋爲美。項掛寶石眞珠珊瑚。紉爲瓔珞。臂腕腿足俱金銀（原脫銀字。從朱本景本補。）鐲。此富家之規也。行使金銀錢。產有眞珠、金珀、寶石、龍涎香、撒哈剌、梭眼、絨毯、貨用金銀青白花磁器。五色段絹、木香、金銀香、（原脫香字。從朱本景本補。諸蕃志譯名作金顏香 kamanyan。）檀香。胡椒之屬。（羅以智案說海本首有自古里國十晝夜可至。又案明史自古里西北行二十五日可至。）

詩曰

忽魯謨斯國。邊城傍海居。鹽山高崒（景本同。朱本作峯。）葎。酋長富盈餘。原隰唯收麥。牛羊揔食魚。女纏珠珞索。男坐翠氍毹。瑪瑙珊瑚廣。龍涎寶石珠。蠻邦成（原脫成字。從朱本景本補。）絕域。歷（原衍一歷字。今刪。）覽壯懷舒。

〔紀錄彙編本〕自古里國十晝夜可至。其國傍海居。聚民爲市。地無草木。牛羊駝馬皆食海魚乾。或言深山中亦有草木。風俗頗淳。壘石爲城。酋長深居。練兵畜馬。田瘠麥廣。穀少民富饒。山連五色。皆是鹽也。鑿之鏇爲盤碟碗器之類。食物就用而不加鹽矣。壘石爲屋。有三四層者。其廚廁臥室待客之所俱在上。男子拳髮。穿長衫。善弓矢騎射。女子編髮四垂。黃漆其頂。出則布幔兜頭面。用青紅紗布以蔽之。兩耳輪周掛絡索金錢數枚。以青石磨水妝點眼眶唇臉花紋以爲美飾。項掛寶石、眞珠、珊瑚、紉爲纓絡。臂腕腿足皆金銀鐲。此富人也。行使金銀錢。產有眞珠、寶石、金珀、龍涎香、撒哈刺、梭腹、絨毯、貨用金銀青花磁器、五色段絹、木香、胡椒之屬。其酋長感　恩賜。躬獻方物。

剌撒國 (al-Aḥsā?)

舊考謂卽波斯灣中之 al-hsā 伯希和（通報第三十一卷）云對音雖未盡合・比附頗有可能・

倚海而居。士朱本作壘・石爲城。連山曠地。草木不生。牛羊駝馬皆食魚乾。民俗頗淳。景本作厚・氣候常熱。田瘠少收。唯麥略有。數年無雨。鑿井絞車羊皮袋水。男女拳髮。穿長衫。婦女粧點兜頭與忽魯謨斯國同。

壘石築土爲屋。三四層者。其上廚爨東廁臥室待客。其下奴僕居之。地産龍涎香、乳香、千里駱駝、餘無物也。貨用金銀、色段、色絹、磁器、米穀、胡椒之屬。羅以智云：按說海本有自古里國順風二十晝夜可至。

詩曰

海丘名刺撒。絕雨亦無寒。層石壘高屋。狂濤激遠灘。金銀營土産。駝馬食魚乾。雖有龍涎貨。蠻鄉不可看。

〔紀錄彙編本〕自古里國順風二十晝夜可至。其國傍海而居。壘石爲城。連山曠地。草木不生。牛羊駝馬皆以海魚乾啖之。氣候常熱。田瘠少收。惟有麥耳。數年無雨。鑿井絞車羊皮袋水。男女拳髮。穿長衫。婦女妝點兜頭與忽魯謨斯國同。壘石築土爲屋三四層者。其上廚廁臥室待客。其下奴僕居之。地産龍涎香、乳香、千里駱駝。民俗淳厚。喪葬有禮。有事禱於鬼神。其酋長感慕　聖恩。遣使捧金葉表文奉貢方物。貨用金銀、段絹、磁器、米穀、胡椒、檀香、金銀之屬。

榜葛剌國 (Bangala, Bengal)

其處曰西（應從明史卷三二六榜葛剌傳作東。）印度之地。西通金剛寶座。曰（原誤日。從朱本景本改。）紹納福兒（明史卷三二六有傳。作沼納樸兒(Jaunpur)。）乃釋迦佛得道之所。永樂十年幷永樂十三年二次。上命太監侯顯等（據卷首行程表。永樂十年使榜葛剌者是少監楊敕。此處疑有脫文。原文殆作上命少監楊敕太監侯顯等。）統領舟師賫捧詔勅。賞賜國王王妃頭目。至其國海口。有港曰察地港。（瀛涯勝覽作淛地港。今Chittagong）立抽分之所。其王知我中國寶（原誤實。從朱本景本改。）船到彼。遣部領賫衣服等物（原脫物字。從景本補。）人馬千數迎接。港（原誤泡。景本誤同。從朱本改。）口起程十六站至鎖納兒江。（瀛涯勝覽譯名同。今Sonārgāon）有城池街市。聚貨通商。又差人（原脫人字。從朱本補。）賫禮象馬迎接。再行二十站至板（原誤吸。景本誤圾。從朱本改。）獨哇。（板獨哇即Panduah。）是酋長之居處。城郭甚嚴。街道鋪店。連楹接棟。聚貨甚有。其王之居。皆磚石甃砌。高廣殿宇。平頂（原誤項。從朱本改。）白灰爲之。入去內門三重。九間長殿。其柱皆黃銅（原誤桐。從朱本景本改。）包（三本皆誤色。從四卷本改。）飾。雕琢花獸。左右長廊（原誤郭。景本作廓。從朱本改。）內設明甲馬隊千餘。外列巨漢。明盔（原誤灰。從朱本景本改。）明甲。執鋒劍弓矢。威儀之（應從四卷本作壯。）甚。丹墀左右設孔雀翎傘百數。又置象隊百數於殿前。其王於正殿設高座。嵌（原誤嶔。從朱本景本改。）八寶。踞（應從四卷本作箕。）踞坐其上。劍橫於膝。乃令銀（朱本作金。）柱杖（原誤丈。從朱本景本改。）二人。皆穿白纏頭來（原作表。景本同。從朱本四卷本改。）引導（原誤道。從朱本景本改。）前。五（原誤王。景本同。從朱本四卷本改。）步一呼。至中則止。又（原誤乃。景本同。從朱本四卷本改。）金柱杖（原誤丈。從朱本景本改。）二人接引如前禮。其王恭禮拜迎詔。初（疑爲紛之訛。）叩謝加額。開讀賞賜。受畢。鋪毯毯於殿地。待我天使。（原誤師。從朱本景本改。）宴我官兵。禮之甚厚。燔炙牛羊。禁不飲酒。恐亂其性。抑不遵禮。惟以薔薇露相香蜜（原誤密。從朱本四卷本改。）水飲之也。宴畢。復以金盔金繫腰金盆金瓶奉贈天使。其副使皆以銀盔銀繫腰銀盆銀（原脫銀字。從朱本景本補。）瓶之類。其下之官。亦以（原作不。從朱本景本改。）金鈴（原誤令。從朱本景本改。）紈紵（原誤納。從景本改。）絲長衣贈之。（上二字三本皆倒誤。今改。）兵士俱有銀盞錢。蓋此國有禮富足（上四字朱本作富而有禮。）者矣。其後恭置金筒銀葉表文。差使臣賫捧貢獻方物于廷。其國（原脫國字。從朱本景本補。）風俗甚淳。男子白布纏頭。穿白布長衫。足穿金線羊皮靴。濟濟然亦其（上二字三本誤同。三四卷本作有。）文字者衆。凡交易雖（原誤羅。從朱本景本改。）有萬金。但價定打手。（上四字原誤價秤平。景本作價定打平。從朱本改。）永無悔改。婦女穿短衫。（原脫衫字。從朱本景本補。）圍色布絲棉。然不施脂粉。其色自然嬌白。（上六字原作其嬌色白色。景本同。朱本作其色白然嬌白。四卷本作自然嬌白。今改正如上文。）兩（原誤而。從朱本景本改。）耳垂寶鈿。（原誤細從朱本景本改。）項掛瓔珞。堆髻腦後。四腕金鐲。手足戒指。可爲一觀。其有一種人曰（原誤日。從朱本景本改。）印度。不食牛肉。凡飲食。男女（上二字原誤飲。從朱本景本改。）不同處。夫死。妻不再嫁。妻喪。夫不再娶。若孤寡無倚。一村之家輪養之。（原脫之字。從朱本景本補。）不容別村求食。是其義氣之尙也。田沃豐足。一歲二收。不用耕耔。（朱本四卷本並作耘耔。）隨時自宜。男女勤於耕織。果有波羅蜜。大數（朱本四卷本皆作如。）斗。甘甜香美。奄（原作掩・從朱本景本改・ 摩勒。香酸甚佳。其餘 原作余・從朱本景本改・ 瓜菓、蔬菜、牛、馬、鷄、羊、鳧、鴨、魚、蝦、魚蝦・朱本景本並作海魚・ 之類甚 原誤其・ 廣。通使海貝。準錢市用。地產細布。撒哈 原誤吟・景本同・從朱本改・ 剌絨。毯。兜羅錦。三本皆作錦・疑爲綿之誤・ 水晶、瑪瑙、珊瑚、眞珠、寶石、糖蜜、原誤密・從朱本景本改・ 酥油、翠毛、各色手巾。被面。貨用金銀、布緞、色絹、青白花磁器、銅錢、麝香、銀珠、水銀、草蓆、胡椒之屬。羅以智按說海本・首有自蘇門答剌順風二十晝夜可至・

詩曰

葛剌宗西域。留傳 原作傳留・從朱本景本改・ 教不衰。兵戎皆有法。文字悉周知。貨市排珍寶。轅門簇羽旂。柱棵雕飾彩。階級引行儀。不飲羞燔炙。平鋪毯陸離。分邊盤坐處。異廣在滄時。言誓冰霜操。原作橾・朱本誤橋・從景本改・ 嬌顏玉雪姿。波羅大如斗。摩勒 三本皆誤勤・今改・ 壓連枝。耘耔何曾用。豐 原誤風・從朱本景本改・ 穰只自宜。照臨天廣遠。採拾句搜奇。恩詔欽華 原誤葦・從朱本景本改・ 夏。流風 上二字原倒誤・從朱本景本改・ 實外夷。小臣存悃愊。原誤幅・從朱本改・ 隨表進丹墀。

〔紀錄彙編本〕自蘇門答剌順風二十晝夜可至。其國卽西印度之地。西通金剛寶座。國曰詔納福兒。乃釋迦得道之所。永樂十三年二次 上命少監侯顯等統舟師齎 詔勅。賞賜國王王妃頭目其國海口有港曰察地港立抽分之所其王知我中國寶船到彼遣部領齎衣服等禮人馬千數迎港口起程十六站至瑣納兒江有城池街市聚貨通商又差人齎禮象馬迎接再行二十站至板獨哇是酋長之居處城郭甚嚴街市鋪店連楹接棟聚貨百有其王之舍皆磚灰甃砌高廣殿宇平頂白灰爲之內門三重九間長殿其柱皆黃銅色飾雕琢花獸左右長廊內設明甲馬隊千餘外列巨漢明盔明甲執鋒刃弓矢威儀壯甚丹墀左右設孔雀翎傘蓋百數又置象隊百數於殿前其王於正殿高座嵌八寶箕踞坐其上劍橫於膝乃令銀柱杖二人皆穿纏頭來引道前五步一呼至中則止又金柱杖二人接引如前禮其王拜迎　詔勅扣頭加額　開讀賞賜受畢鋪毧毯於殿地待我天使宴我官兵禮之甚厚燔炙牛羊禁不飲酒恐亂性而失禮以薔薇露和香蜜水飲之宴畢復以金盔金繫腰金瓶金盆贈之天使其副使皆以銀盔銀繫腰銀瓶銀盆贈之其下官員亦贈以金鈴紵絲長衣兵士俱有銀錢蓋此國富而有禮者也其後躬置金筒金葉表文差使臣齎捧貢獻方物于　廷其國風俗甚厚男子白布纏頭穿白布長衫足穿金線羊皮靴濟濟然有文字者衆凡交易雖有萬金價定打手永無悔改婦女穿短衫圍色布絲錦不

施脂粉．自然嬌白．耳垂寶鈿．項掛纓絡．髻堆腦後．四腕金鐲．手足戒指．其有一種曰印度．不食牛肉．飲食男女不同處．夫死不再嫁．妻死不再娶．若孤寡無倚．一村人家輪流養之．不容別村求食．其義氣有足稱者．田沃豐足．一歲二收．不用耘耔．隨時自宜．男女勤於耕織．果有波羅蜜．大如斗．甘甜甚美．菴摩羅香酸甚佳．其餘瓜果、蔬菜、牛馬、鷄羊、鳧鴨、海魚之類甚廣．使海𧴩．准錢市用．地產細布、撒哈剌、毯絨、兜羅錦、水晶、瑪瑙、珊瑚、眞珠、寶石、糖蜜、酥油、翠毛、各色手巾被面．貨用金銀．段絹、青花白磁器、銅鐵、麝香、銀珠、水銀、草蓆之屬．

星槎勝覽（朱本下多目錄二字．）前集終（此行原闕．從朱本景本補．）

星槎勝覽後集目錄(朱本景本作目錄後集)

自永樂七年己丑。至宣德八年癸丑止。累從 欽差正使太監鄭和等往西洋各(原誤名。从朱本景本改。)國 開讀賞賜。凡在公餘之暇。採輯諸番風(原脫風字。从朱本景本補。)俗人物土產之異。集(原誤律。从朱本景本改。)成事序。詠其詩篇。

眞臘國
東西竺
淡洋
龍牙門
龍牙善(島夷志略作菩。)提
吉里地悶(原作門。从朱本景本改。)
彭坑(三本皆誤玩。今改。)
琉球國

星槎勝覽　後集目録

三島國
麻逸國
假里馬丁 島夷志略作打・ 國
重迦邏
渤泥國
蘇祿國
大嗔 原誤嗔・从朱本景本改・ 喃國
阿丹 原誤舟・朱本誤同・从景本改・ 國
佐法兒國
竹步國
木骨都束 原誤東・从朱本景本改・ 國
溜洋國

卜原誤小・从朱本景本改・明史作不・剌哇國

天方國

星槎勝覽　後集目錄　三

星槎勝覽後集

眞臘國 (Kamboja)

其國州南之門．爲都會之所．有城周圍七十餘里．石河 上二字原作所．从四卷本及島夷志略改． 廣二十餘丈．殿宇三十餘所．凡歲時一會．則羅列玉猿．孔雀．白象．犀牛．於前．名曰百塔洲．次 三本皆作以．从島夷志略改． 桑香佛舍．飲饌必以金盤．金碗．盛 原誤盆．从朱本景本改． 食之．諺 原誤顏．从朱本景本改． 云．富貴眞臘 三本皆作臈．今改． 也．氣候常熱．田禾豐 原誤風．从朱本景本改． 足．煮海爲鹽．風俗富饒 風俗下應有脫文．島夷志略云．俗尙華侈．田產富饒． 男女椎 三本皆作堆．从島夷志略改． 髻．穿短衫．而圍梢布．法有劓刖刺配．犯盜則斷手足．番人殺唐人則償其命．唐人殺番人則罰其金．無金賣身 原作錢．景本同．朱本作其身．今从島夷志略改． 贖罪．地產黃蠟． 原作臘．朱本作臈．从四卷本改． 犀象．孔雀．沉香．蘇木．大風子油．翠毛．貨用金銀．燒珠．錦段．絲布之屬． 羅以智按說海本首有自占城順風三晝夜可至．鈞按此條盡採自島夷志略．惟刪節其文而已．

詩曰

眞臘原作臈，今改。山崗遠。荒城傍海涯。獸禽多彩麗。人物好奢靡。列塔爲奇異。羅盤逞禮儀。夷風聊可采。吟詠感明時。

〔紀錄彙編本〕自占城順風三晝夜可至其國。門之南。爲都會之所。有城池。周七十餘里。石河廣二十餘丈。殿宇三十餘所。凡歲時一會。則羅列玉猿。孔雀。白象。犀牛於前。名曰百塔洲。金盤金碗盛食。諺云富貴眞臘也。氣候常熱。田禾豐足。煮海爲鹽。風俗富饒。男女椎髻。穿短衫。圍梢布。法有劓刖刺配。犯盜則斷手足。番人殺唐人則償命。唐人殺番人則罰金。無金賣身贖罪。地產黃蠟。犀象。孔雀。沉香。蘇木。大風子油。翠毛。貨用金銀。燒珠。錦段。絲布之屬。

東西竺(Pulo Aor)

山形分對峙。若蓬萊萬三本皆作方。島夷志略同。羅校作萬。今从之。丈之幽。田瘠不宜稼穡。歲藉三本皆作籍。从四卷本改。隣邦淡洋米穀以爲食。氣候不齊。煮海爲鹽。釀椰子爲酒。男女斷髮。繫稍布稍布島夷志略作占城布。地產檳榔。木綿原誤錦。从景本及島夷志略改。椰心簟島夷志略云。番人取其椰心之嫩者。或素或染。織而爲簟。以售唐人。其簟冬暖而夏涼。亦可貴也。可參考諸蕃志椰心簟條。貨用花原脫花字。从朱本景本補。錫。胡椒

鐵器也。(此條亦盡採自島夷志略而删節其文・)

詩曰

東西分海境。民物異於常(原誤當・从朱本改・)果啖檳榔實、酒傾椰子漿。(原誤醬・从朱本景本改・)貿椒知價值(原誤眞・朱本作和・从景本改・)。織簟貨經商。勤我遐(原誤遐・从朱本景本改・)觀意。吟哦記短章。

〔紀錄彙編本〕其山與龍牙門相望海洋中。山形分對嵯峩。若蓬萊方丈之間。田瘠不宜稼穡。歲藉諸邦淡洋米穀以食。氣候不齊。煮海爲鹽。釀椰子爲酒。男女斷髮。繫梢布。地產檳榔。木棉布。蕉心簟。貨用花錫。胡椒。鐵器之屬。

淡洋 (Tamiang)

其處與阿魯山相連。去滿剌(原誤利・从朱本景本改・)迦三日之程。(上十六字景本傍注在條首地名下・朱本亦另行繕錄・不與本文相合・)山遠。周圍有港通。內大溪深。(原誤山・从朱本景本改・)汪洋二千餘里。奔流出海之中。一流清淡。味甘。舟人過往汲水日用。名曰淡洋。(島夷志略曰・港口通官場百有餘里・洋其外海也・內有大溪之水・源二千餘里・奔流衝合於海・其海面一流之水清淡・舶人經過・往往乏水・則必由此汲之・故名曰淡洋・過此以往・未見其海岸之水不鹹也・)田肥禾盛。米粒小。原作少。从朱本景本改。然炊飯甚香。地產降香。民俗淳厚。氣候常熱。男女椎三本皆作堆。从島夷志略改。髻。腰圍稍布。島夷志略作溜布。溜即本書之溜洋。貨用金銀。鐵器。磁碗之屬。此條幾盡採島夷志略文。

詩曰

清流甘且淡。奔出海中央。畎畝饒滋原闕滋。从朱本景本補。味。舟人過汲漿。貿交金闕朱本作闕。赤米小飯炊香。

民俗風淳厚。那知在異方。

〔紀錄彙編本〕其處與阿魯山地連接。去滿剌加三日程。山遶周圍。有港內通大溪。汪洋千里。奔流出海。清淡味甘。舟人過往汲之。名曰淡洋。田肥禾盛。米粒尖小。炊飯甚香。地產香。民俗頗淳。氣候常熱。男女椎髻。腰圍梢布。貨用金銀鐵器磁器之屬。

龍牙門 (Governador str.)

在三佛齊之西北也。上八字景本附注在條首地名下。山門相對。島夷志略云。門以單馬錫番。兩山相交。案單馬錫乃 Tumasik 之對音。新嘉坡 (Singapore) 之舊名也。番字上下疑有脫文。殆指龍牙 (Linga) 島。則龍牙門似指 Governador 峽。若龍牙三本皆作角。从島夷志略及四卷本改。狀。中通過船。山塗田瘠。米穀原作谷。从朱本景本改。甚厚。

四卷本作薄・島夷志略作稻少・氣候常熱。四五月間淫三本皆作汹・从島夷志略及四卷本改・雨。男女椎三本皆作堆・从島夷志略及四卷本改・髻。穿短衫。圍稍布。擄掠爲豪。遇有番船則駕小船百隻島夷志略作二三百隻・迎敵數日。若得順風僥倖而脫。否則被其截財被所刼。泛海原脫海字・从朱本景本補・之客。宜當謹防。此條亦盡採自島夷志略而刪節其文・

詩曰

山峻龍牙狀。中通水激湍。居人爲擄原誤攄・从朱本景本改・易。番舶往來難。入夏常多雨。經秋且不寒。從容陪使節。到此得遊觀。

〔紀錄彙編本〕其處在三佛齊西北。山門相對。若龍牙狀。中通船過。山田瘠。米穀甚薄。氣候常暑。四五月淫雨。男女椎髻。穿短衫。圍梢布。擄掠爲豪。遇番舶則以小舟百數迎敵。若順風僥倖而脫。否則被其刼殺。舟客于此防之。

龍牙善島夷志略作菩・提 (Langkawi)

周環皆山石三本皆誤名・从島夷志略改・排壘島夷志略作類・應有脫文・門。無田耕種。上二字原倒誤・从朱本景本改・但栽薯蕷代糧。三本皆作梁・从島夷志略改・常疑爲當之誤・熟收堆。以供歲月。氣候多熱少寒。俗朴而淳。男女椎三本皆作堆・从島夷志略改・髻。披木綿布。煑海爲鹽。浸三本皆作波・从島夷志略改・苧麻根釀酒。地產速香。檳榔。椰子。貨用燒珠。鐵鼎。色布之屬。此條亦採自島夷志略・而刪節其文・

詩曰

壘石爲門限。天生在海洋。稻粱全不種。薯蕷亦多原闕多字・从朱本景本補・。藏海水原誤中・从朱本景本改・。煎鹽白蔗根釀酒香。雖云風俗朴。氣候有炎涼。

〔紀錄彙編本〕闕。

吉島夷志略作古里地悶原作門・从朱本景本改・殆指Gili Timor猶言地悶島也・

居重原脫重字・朱本作連・从景本補・迦邏之東。滿山茂林。皆檀香樹。無別產。馬頭商聚十二所。有酋長。田肥穀原作谷・盛。氣候朝熱暮寒。凡其商舶染病。原脫病字・从朱本景本補・十原誤千・从朱本景本改・死八九。蓋其地甚三本皆作甚・疑誤・瘴氣。男原誤用・从朱本改・女斷髮。穿短衫。貨用金錢。鐵器。磁碗之屬。此條節採島夷志略文・

詩曰

吉里東南海。居人臥飽餐。田肥時有穀。原作谷・从朱本改・朝熱暮生寒。涉原誤陟・从朱本景本改・險商求原闕求字・从朱本景本補・利。聞原誤問・从朱本景本改・香水種檀。短衫常覆體。形醜不堪觀。原誤香・从朱本改・

〔紀錄彙編本〕其國居重迦邏之東。連山茂林皆檀香樹。無別產。馬頭商聚十二所。有酋長。田肥穀盛。氣候朝熱暮寒。男女斷髮。穿短衫。夜臥不蓋其體。商舶到彼。皆婦女到船交易。人多染疾病。十死八九。蓋其地瘴氣及其婬汚之故也。貨用金銀鐵器磁碗之屬。

彭坑國 (Pahang)

羅以智案明史作彭亨・注云・一作湓亨・又作彭坑・鈞案諸蕃志譯名作蓬豐・見三佛齊條・

在暹邏之西。景本作在暹邏國之西・旁注在條首國名下・石崖周匝崎嶇。遠如平寨。田沃米穀常熟。上二字朱本景本作盛・氣候常溫。風俗尚怪。刻香木爲神。殺人血祭禱。求原誤永・从朱本景本改・福禳災。男女椎三本皆作堆・从島夷志略改・髻。穿長衫。繫單布。島夷志略下多稍字・富家女子金圈四五飾于頂髮。常人五色珠圈。煮海爲鹽。釀椰原誤柳・从朱本景本改・漿爲酒。地產黃熟香。沉香。片腦。花錫。降香。貨用金銀。色段。朱本景本島夷志略皆作絹・爪哇布。銅鐵器。鼓板之屬。此條幾盡節採島夷志略之文・

詩曰

嗟彼彭坑國。溫和總是春。傷生在求[原誤永・从朱本景本改・]福。刻木慣爲神。尊敬惟從長。催科不[上三字原誤產不料・从朱本改・]到民。焉知施禮樂。立教序彝倫。

〔紀錄彙編本〕其處在暹邏之西。石崖周匝崎嶇。遠望山平如寨。田沃。米穀豐足。氣候溫。風俗尙怪。刻香木爲人。殺人血祭。禱求福禳災。男女椎髻。繫單裙。富家女子金圈四五飾于頂髮。常人五色燒珠穿圈。煮海爲鹽。釀漿爲酒。地產黃熟香。沉香。片腦。花錫。降香。貨用金銀。色絹。爪哇布。銅鐵器。鼓板之屬。

琉球國

[此條盡本島夷志略・惟增能習讀中國書等十六字・島夷志略之琉球・原指台灣・而費信所增十六字・則以屬今之琉球矣・]

其處山形[原誤邢・从朱本景本改・]抱合而生。一山曰翠麓。一山曰大[原誤太・从景本島夷志略改・]崎。一山曰斧頭。一山曰重曼。高聳叢林。田沃穀[原誤俗・从朱本景本改・]盛。氣候常熱。男女以花印布大袖衫連褌穿之。其酋長尊禮。不科[原誤料・从朱本景本改・]民下。人皆效法。釀甘蔗爲酒。煮海[原脫海字・从朱本景本補・]爲鹽。能習讀中國書。好古畫[原誤書・从朱本景本改・]銅器。作詩效唐體。地產沙金。硫黃。黃蠟。[上二字原脫・从朱本景本補・]貨用眞珠。瑪[原誤璃・从朱本景本改・]瑙。磁碗之屬。

詩曰

翠靄是琉球．遐觀碧海浮．四山高對聳．一水遠長流．袖大健連袴．髮鬆撮滿頭．土民崇詩禮．他（原誤化・从朱本改・）處若能儔．

〔紀錄彙編本〕闕．

三島（三島諸蕃志元史並作三嶼・諸蕃志曰・三嶼乃麻逸之屬・曰加麻延・巴姥酉・巴吉弄等各有種落・散居島嶼・案麻逸 (Mait) 指菲律賓羣島・舊考以 Calamian 當加麻延・以 Palawan 當巴姥酉・（此名疑有訛誤・原譯殆作巴老萬・）以 Busuanga 當巴吉弄・）

其處與琉球大崎（原作峙・从朱本改・島夷志略作大奇・）山之東鼎峙．有壘山層巒．（原誤壘石層巒・朱本巒作峦・今从島夷志略改・）民倚邊而居．田瘠少收．（原脫收字・从朱本景本補・）以網魚於海織布為業．俗尚樸（原誤僕・朱本景本作朴・今改・）質．男生拳髮．婦女椎（三本皆作堆・从島夷志略改・）髻．單布披之為衣．不解裁縫．凡男子得附舶之中國．（上二字原倒誤・从朱本景本改・）然罄（原誤聲・从景本改・）其資身歸．本處鄉人稱為能事．尊之有德．父兄皆讚焉．（此段應有脫誤・島夷志略原文云・男子常附舶至泉州經紀・罄其資囊・以文其身・既歸其國・則國人以尊長之禮待之・延之上座・雖父老亦不得與爭焉・習俗以其至唐・故貴之也・）煮海為鹽．釀蔗漿為酒．地產黃蠟．（原誤臘・从朱本及島夷志略改・）木綿布．貨用金銀磁器鐵

星槎勝覽 後集　九

星槎勝覽　後集　　一〇

塊之屬。此條亦盡採自島夷志略而刪節其文・

詩曰

幽然三島國。花木茂。常春氣。質尤宜。朴衣裳。不解紉。游歸名讚原誤譛・从朱本景本改・德賀禮。酒頻傾。採吟荒嶠原誤郊・从朱本景本改・外得句自逡巡。

〔紀錄彙編本〕闕。

麻逸國麻逸首見諸蕃志・謂在渤泥（Brunei）之北・蓋即 Mait 之對音・今 Mindoro 島之舊名也・是編條首謂在交欄（Gelam）之西・則誤以 Eilliton 島當之矣・然其文幾盡採自島夷志略・而島夷志略之麻逸在非律賓羣島中・四卷本改國名作麻逸凍・明史作麻葉甕・皆文不對題也・

在交欄原作攔・景本同・从朱本及四卷本改・山之西。上六字朱本景本並旁注在條首國名下・山勢峻。地平寬。夾溪聚居。氣候稍熱。男女椎髻三本皆作堆・从四卷本及島夷志略改・。穿長衫。圍色布手巾。田多膏腴。倍收他國。俗尚節義。婦喪其夫。則削髮碎面。絕食七日。與夫屍同寢。多與並逝矣。七日外不死。則親戚原脫戚字・从朱本景本補・勸以飲食。或得甦命。乃終身不再嫁矣。或至焚夫屍日。則赴火而死。蓋其節義之不改也。煮海為鹽。釀蔗為酒。地產木棉。黃蠟原省作蠟・从朱本改・玳瑂。梹榔。花布貨用銅鼎鐵塊。五采（景本作彩。朱本及四卷本並作色。）布絹之屬。

詩曰

美哉麻逸國。山峻地寬平。尙節心無異。耕田穀（原省作谷。从朱本景本改。）倍登。梹榔資咀嚼。玳瑂照晶熒。布染花生彩。（原作採。从朱本景本改。）糖香酒自清。溪濤含蕩漾。（原誤漾。景本同。今改。）海日（朱本作月。）上高明。蠻士知仁化。駸駸（原誤驛驛。从朱本景本改。）禮義行。

〔紀錄彙編本〕（國名作麻逸凍。）其處在交欄山之西南洋海中。山峻地平。夾溪聚村落而居。氣候稍熱。男女椎髻。穿長衫。闍色布。田膏腴。倍收他國。尙節義。婦喪夫。則削髮。務面絕食七日。夫死同寢。多有並逝者。七日不死。則親戚勸以飲食。若得甦。終身不再嫁矣。至焚夫日。多赴火死。煑海爲鹽。釀蔗爲酒。產木棉。黃蠟。玳瑂。檳榔。花布。貨用銅鼎。鐵塊。五色布絹之屬。

假里馬打（三本及四卷本皆作丁。从島夷志略改。元史史弼傳作答。）國 (Karimata)

其地與交欄（原作欄。从朱本及四卷本改。）山相望海洋中。（上十一字朱本景本並旁注在條首國名下。）山列翠屏。溪田雖有米穀（原作谷。从朱本景本改。）

少收。氣候常熱。俗甚囂薄。男女髠髮。竹布爲衣。（原誤布。从朱本景本改。）種芭蕉。採其實以代粱。煑海爲鹽。釀蔗爲酒。地產玳瑁。羖羊。貨用爪（三本皆作瓜。今改。）哇布燒珠印布之屬。（此條除條首十一字外。餘文并採自島夷志略。）

詩曰

假里山環（原作還。景本同。从朱本改。）翠民風醜。不知羖羊。行作隊。玳瑁出爲奇。答應呢喃語。生成囂薄姿。（原誤婆。朱本作資。从景本改。）田收佳穀（原作谷。从朱本景本改。）少熱（景本作氣。）候不相宜。

〔紀錄彙編本〕（原倒誤作假馬里丁。）其地與交欄山相望。海洋中山列翠屏。引溪水漑田。禾穀少收。氣候常熱。俗囂薄。男子髠髮。穿竹布短衫。圍稍布。種芭蕉。採其實以代糧。煑海爲鹽。釀蔗爲酒。地產玳瑁。羚羊。貨用爪哇布燒珠印花布米穀之屬。

重迦邏

（島夷志略作重迦羅。諸蕃志蘇吉丹條有戎牙路。一作重迦盧。並是 Jangala 之對音。在今 Surabaya 之地。瀛涯勝覽譯名作蘇魯馬益。亦作蘇兒把牙。）

其地與爪（三本皆作瓜。从島夷志略改。）哇界相接。高山奇秀。滿山（原脫山字。从朱本及島夷志略補。）皆鹽敷樹及楠枝。（島夷志略作楠樹。）內有一石洞。前後三門。可容一二萬人。田穀（原作谷。从朱本景本改。島夷志略作土。）至於爪（三本皆作瓜。今改。）哇。氣候常暑。俗淳。

男女撮髻穿長衫・圍摺布手巾・無酋長・以尊年高有德者主之・煑海爲鹽・釀秫爲酒・地產羖羊・鸚鵡・木綿・椰子・綿紗・貨用 原脫用字・从朱本景本補・ 花銀・花絹・其處山約去 原脫去字・从朱本及島夷志略補・ 數日水程・曰孫陀羅・曰 原誤白・从朱本景本改・ 琵琶拖・曰 原誤白・从朱本景本改・ 丹重・曰 原誤白・从朱本景本改・ 圓嶠・曰彭里・ 島夷志略云・次曰諸番・相去約數日水程・曰孫陀・曰琵琶・曰丹重・曰員嶠・曰彭里・諸蕃志蘇吉丹條注云・賊國・丹重布囉・琵離・孫他・故論・是也・是編轉錄島夷志略之文應有訛誤・孫陀羅應作孫陀・卽諸蕃志之孫他或新拖・Sunda 之對音也・丹重應是丹重布囉之省稱・昔爪哇語稱 Borneo 島曰 Tanjungpura・應指此地・彭里・琵離・皆 Bali 之同名異譯・諸蕃志蘇吉丹條一作麻籬・餘未詳・ 不事耕種・專尚寇掠・與吉陀亞崎 上四字三本皆作吉陀峙・今从島夷志略改・吉陀乃 Kedah 之對音・亞崎乃 Achin 之古譯・明史作啞齊者是也・ 諸國相通・商舶少能至也・ 此條全採島夷志略・

詩曰

迦邏山奇秀・俯程接爪 三本皆誤瓜・今改・ 哇・洞深通窈窕・髻撮甚欹 原作歌・从朱本改・ 斜・鹵長惟尊德・綿多吐細花・如何不耕種・寇掠作生涯・

〔紀錄彙編本〕 作重迦羅・ 其地與爪哇界相接・高山奇秀・內有一石洞・前後三門・可容一二萬人・田穀與爪哇略同・氣候常暑・風俗頗淳・男女撮髻・身披單布長衫・圍稍布手巾・無酋長・以年高有德者主之・煑海爲鹽・釀秫爲酒・地產羚羊・鸚鵡・木棉・椰子・棉紗・貨用花銀・花絹・其處約去數日水程・

星槎勝覽　後集　一三

曰孫陀羅．琵琶拖．曰丹重．曰圓嶠．曰彭里．不事耕種．專尚寇掠．與吉陀崎諸國相通．所以商船少能至矣．

渤泥國

（蠻書及島夷志略作浡泥．諸蕃志作渤泥．與是編同．宋史及文獻通考作勃泥．皆 Burni 之對音．今 Borneo 島也．東西洋考謂即大泥 (Patani)．明史以唐書之婆羅移稱此島．皆誤．）

龍山磻礴．地宇橫（原誤黃．从朱本景本改．）廣．源（三本皆作源．皆爲原之訛．）田種植．豐登甚利．氣候及（原誤反．从朱本改．）夏稍寒．冬月極熱．俗好奢侈．男女一般（原誤猷．从景本改．）椎（三本皆作堆．从島夷志略改．）髻．五彩（原誤採．从朱本景本改．）帛繫腰．花布爲衫．其國之民崇佛像．好齋沐．凡見唐人至其國．甚有愛敬．有醉（原誤翠．从朱本景本改．）者則扶歸家寢宿（上二字原倒誤．从朱本景本改．）．以禮待之若故舊．煮海爲鹽．釀秫（原誤木．从景本及島夷志略改．）爲酒．酋長之用不歛（原誤飲．从朱本景本改．）民物．生理自如。（島夷志略原文云．有酋長．乃選其國能算者一人掌文簿．計其出納．收稅無纖毫之差焉．）地產降眞．黃蠟．玳瑁．片腦（上二字原倒誤．从朱本景本改．）．貨用白銀．赤金．色緞．牙箱．鐵器之屬．（此條全採島夷志略之文．）

詩曰

渤泥滄海外．立國自何年．夏冷冬生熱．山盤地自偏．積脩崇佛教．扶醉（原誤翠．从朱本景本改．）待賓賢．取信通商舶遺風事可傳。

〔紀錄彙編本〕闕。

蘇祿國 (Solot, Sulu)

居東海之洋石崎。（明一統志石崎山注云：國以此山爲保障。）保障。（原誤瘴，从朱本景本改。）山塗田瘠。種植稀薄。民下捕魚蝦。生啖螺蛤。煮食。男女斷髮。頭纏皂縵。腰圍水（島夷志略作小。）印花布。俗尚鄙陋。煮海爲鹽。釀蔗爲酒。織竹布。採眞珠。色白絕品。珠有徑寸者。已値七八百錠。中者二三百錠。（以上並出島夷志略。）永樂十六年。其酋長感慕聖恩。乃挈（原誤絜，从朱本景本改。）妻携子。涉海來朝。進獻巨珠一顆。重七兩五錢。罕（景本同，朱本作今。）古莫能有也。皇上大悅。加勞厚賜金印冠帶歸國。地產眞珠。降香。黃蠟。玳瑁。竹布。貨用金銀。八都剌布。青珠。磁器。鐵銚（島夷志略作條。）之屬。

詩曰

蘇祿分東海。居民幾萬家。丸烹爲水布。生啖愛魚蝦。徑寸珠圓潔。行舟路去賒。獻金朝玉闕。厚賜被

光華・

〔紀錄彙編本〕闕・

大唄喃國

四卷本及明史作大葛蘭・此條盡本島夷志略小唄喃條・疑當時無此國・抑大小唄喃皆指一地・藤田豐八島夷志略校注以小唄喃當元史食貨志市舶條之梵答剌亦納(Fandaraina)・殊未知梵答剌亦納亦作 Pandarani・島夷志略別有專條・譯名作班達里也・

地與都欄原作欄・从朱本景本及島夷志略改・礁突厥人西地阿里(Sidi Ali)書謂 Malabar 沿岸有地名 Tuluwan・殆爲此都欄之所本・相近・厥土黑壤・亦宜穀原作谷・从景本及島夷志略改・麥・居民懶事耕作・歲藉三本皆誤籍・从島夷志略改・烏原誤烏・从朱本及島夷志略改・爹烏爹乃Udra之對音・今 Orissa 之地也・之米供食・

商舶風信到遲・則波濤激灘・乃載貨不滿・原誤溝・从朱本景本及島夷志略改・蓋以不敢停泊也・若風逆則遇巫里洋島夷志略作喃哑哩洋・喃哑哩昔Lamuri 今 Achin 沿岸也・險阻之難矣・及防高郎阜島夷志略作高浪阜・同一地名又在同書大佛山條作高郎步・今 Colombo 也・沉水石之危・險字下二十字原脫・今从朱本景本補・島夷志略之文云・或風迅到遲・馬船巳去・貨載不滿・風迅或逆・不得過喃哑哩洋・且防高浪阜中鹵股石之厄・所以此地駐冬・候下年八九月馬船復來・移船

風俗頗厚・男女回古里佛互市・纏頭・穿長衫・地產胡椒・椰子・魚蝦・蝦字从景本補・檳榔・貨用金錢・青白花磁器・布段之屬・

詩曰

大唄喃方險。都欄（原作攔・从朱本景本改・）與結盟。土肥宜稻麥。民懶不耕耘。但有烏（原誤鳥・从朱本景本改・）爹濟。須防羅股驚。此邦風俗異。舟舶忞吟行。

〔紀錄彙編本〕（國名作大葛蘭・）地與都欄樵相近。厥土黑墳。本宜穀麥。居民懶事耕作。歲賴烏爹之米爲食。商船爲風所阻。不以時到。則波濤激灘。載貨不敢滿盖。以不可停泊之故也。若過巫里洋。則羅重險之難矣。及有高頭埠沉水羅股石之危。風俗淳厚。男女纏頭。穿單布長衫。園色布手巾。地產胡椒。椰子。溜魚。檳榔。貨用金錢。青白花磁器。布段之屬。

阿丹（原誤舟・朱本誤同・从景本及四卷本改・）國 (Aden)

倚海而居。壘石爲城。砌羅股石爲屋。三四層高。廚房臥室（上四字原作樹房坐室・景本同・从朱本及四卷本改・）皆在其上。用粟麥。風俗頗淳。民下富饒。男女拳髮。穿長衫。女若出。則用青紗蔽面。布幔（原誤慢・从景本改・）兜頭。不露形貌。兩耳垂金錢數枚。項掛瓔珞。地產九尾羖羊。千里駱駝。黑白花驢。駝啼鷄。金錢豹。貨用金銀。色段。青白花磁器。檀（原誤擅・从朱本景本改・）香。胡椒之屬。（羅以智案說海本首有自古里國順風二十二晝夜可至・）

詩曰 全編詩僅此條爲七言。

阿丹 原誤舟。朱本同。从景本改。 城廓石盤縈。黑色滋肥粟麥多。風俗頗淳民富貴。歲華 原誤莘。从朱本景本改。 常見日 原誤因。从朱本景本改。 融和境 朱本作景。 無存草千山接。羊有垂臀九尾拖。縱目採吟人物異。過 景本同。朱本作使。 歸稽首獻鑾坡。

〔紀錄彙編本〕自古里國順風二十二晝夜可至。其國傍海而居。草木不生。田肥。種植粟麥豐盛。壘石爲城。砌羅股石爲屋。三四層高。廚房臥室皆在其上。風俗頗淳。民下富饒。男女拳髮。穿長衫。婦女出則用青紗蔽面。布帽兜頭。不露形貌。兩耳垂金錢數枚。項掛纓絡。地產羚羊。自胸中至尾垂九塊。名爲九尾羊。千里駱駝。黑色花驢。駝蹄雞。金錢豹。貨用金銀色段。青白花磁器。檀香。胡椒之屬。其酋長感慕　恩賜。躬以方物貢獻。

佐法兒國 瀛涯勝覽作祖法兒。即 Zufar 或 Zafar 之對音。今地圖作 Dhofar 者是也。

臨海聚居。石城石屋。壘起高三五層者。原作高層三五者。景本同。从朱本改。 若塔其上。田廣而少耕。山地皆黃。亦不生草木。牛羊駝馬惟食魚乾。男女拳髮。穿長衫。女人則以布兜頭面出見人也。不露面貌。風俗頗淳。原脫頗淳二字。从朱本景本補。地產祖剌法。諸蕃志弼琶囉條作徂蠟。大食語 Zurafa 之對音。瀛涯勝覽阿丹條作麒麟。則 Somali 語之對音也。蓋指 giraffe。金錢豹。駝鷄。乳香。龍涎香。貨用金錢。檀香。米穀。原作谷。从朱本景本改。胡椒。色段。絹。磁器之屬。羅以智案說海本首有自古里國順風二十晝夜可至。又案明史作十晝夜。

詩曰

佐法兒名國。周圍石壘城。乳香多土產。米穀原作谷。从朱本景本改。少收成。大海魚無限。荒郊草絕生。採風原誤生。景本同。从朱本改。吟異境。民物互經營。

竹步國 (Jubb, Jobo)

〔紀錄彙編本〕自古里國順風二十晝夜可至。其國壘石爲城。砌羅股石爲屋。有高三四層。若塔之狀。廚廁臥室皆在其上。田廣少收。山地黃赤。亦不生草木。民捕海魚曬乾。大者人食。小者餵養牛馬駝羊。男女拳髮。穿長衫。女人出則以布兜頭面。不令人見。風俗頗淳。地產祖剌法。金錢豹。駝啼鳥。乳香。龍涎香。貨用金銀。檀香。米穀。胡椒。段絹。磁器之屬。其酋長感慕 恩賜遣使奉貢方物。

村居寥落。地僻西方。城垣石壘。屋砌高堆。風俗亦（三本皆作有・从四卷本改・）淳。草木不生。男女（原脫女字・从景本及四卷本補・）拳髮。（此下三本似皆有脫文・四卷本有男子圍布・婦女出則以布兜頭・）出以布兜頭（頭字从四卷本補・）。山荒地廣而多無霖。絞車深井。捕網海魚。地產獅子。金錢豹。駞雞有六七尺高者。龍涎香。乳香。金珀。貨用土珠。色段。色（原脫色字・从朱本補・）絹。金銀磁器。胡椒。米穀（原作谷・从朱本景本改・）之屬。（羅以智按說海本首有其處與木骨都東山地接連・）

詩曰

島夷名竹步。山赤見應愁。地旱無花草。郊荒有馬牛。短稍男掩膝。單布女兜頭。縱目逢吟眺。蕭（原誤簫・从朱本改・）然一土丘。

〔紀錄彙編本〕其處與木骨都東山地連接。村居寥落。壘石爲城。砌石爲屋。風俗亦淳。男女拳髮。男子圍布。婦女出則以布兜頭。不露身面。山地黃赤。數年不雨。草木不生。絞車深井。網魚爲業。地產獅子。金錢豹。駝蹄雞。有六七尺高者。其足如駝蹄。龍涎香。乳香。金珀。貨用土硃。段絹。金銀磁器。胡椒。米穀之屬。酋長受賜感化。奉貢方物。

木骨都束（原誤東。从朱本景本改。）國 (Mogadiso, Mogedoxu)

瀕海之居。堆石爲城。操兵習射。俗尙囂强。壘石爲屋。四五層高。房屋廚廁（上二字原倒誤。从朱本景本改。）待客俱於上也。男女拳髮四垂。腰圍稍布。女髮盤。黃漆光頭。兩耳垂（原脫垂字。从朱本景本補。）珞索數枚。項（原誤項。从朱本改。）帶銀圈。瓔珞垂胸。出則（上二字原倒誤。从朱本景本改。）單布兜遮。青紗蔽面。足履皮鞋。山連地廣。黃赤土石。不生草木。田瘠少（原誤不。从朱本景本改。）收。數年無雨。穿井絞車。羊皮袋水。駝馬牛羊皆食海魚之乾。地產乳香。金錢豹。海內採龍涎。香貨用金銀（原作錢。从朱本景本改。）色段。檀香。米穀（原作谷。从朱本景本改。）磁器。色絹之屬。（羅从智按說海本首有自小葛蘭順風二十晝夜可至。）

詩曰

木骨名題（原作提。从朱本景本改。）異。山紅土色黃。久晴天不雨。歷歲地無糧。寶石連珠索。龍涎及乳香。遙看風物異。得句喜（原誤善。从朱本景本改。）成章。

〔紀錄彙編本〕自小葛蘭順風二十晝夜可至其國。瀕海。堆石爲城。壘石爲屋。四五層。廚廁待客俱在其上。男子拳髮四垂。腰圍稍布。女人髮盤於腦。黃漆光頂。兩耳掛絡索數枚。項帶銀圈。纓絡垂髫・出則單布兜遮・青紗蔽面・足履皮鞋・山連地曠・黃赤土石・田瘠少收・數年無雨・穿井甚深・絞車以羊皮袋水・風俗嚚頑・操兵習射・其富民附舶遠通商貨・貧民網捕海魚・曬乾爲食及餵養駝馬牛羊・地產乳香・金錢豹・龍涎香・貨用金銀色段・檀香・米穀・磁器・色絹之屬・其酋長效禮進貢方物・

溜洋國 原無國字・从景本補・島夷志略名此國曰北溜・瀛涯勝覽名溜山國・今 Maldives 羣島也・

其中有溜山有錫蘭 三本皆誤羅・从四卷本改・ 山・別羅里 別羅里地名並見祝允明前聞記下西洋條・舊考謂是錫蘭島中之 Belligamme・其說近似・此地距島夷志略大佛山條之迓里 (Galle) 甚近・而鄭和等所立三種文字碑（見本書錫蘭山條）即發現於迓里也・ 起程南去・此下應有脫文・四卷本下有順風七晝夜可至其山・上文殆由費信得諸耳聞・此下所記並出瀛涯勝覽溜山條・ 海中天巧石門有三・瀛涯勝覽作一・ 遠遠 第二遠字四卷本作望・ 如城門中過船溜・原誤流・从朱本景本改・ 山有八曰 原誤日・朱本作田・从景本改・ 沙溜・官嶼溜 瀛涯勝覽作官瑞溜・ 壬不知溜・瀛涯勝覽作人不知溜・ 起來溜・瀛涯勝覽作起泉溜・ 麻里溪溜・瀛涯勝覽作麻里奇溜・ 加平年溜・瀛涯勝覽作加牛年溜・ 加加溜・安都里溜 以上八溜三本皆同・ 皆人聚居・亦有主者・上二字原作生焉・景本同・从朱本改・ 而通商船・其八處地產龍涎香・乳香・貨用金銀・色段・色絹・磁器・米穀 原作谷・从朱本景本改・ 之屬・傳聞有三萬八千餘溜 瀛涯勝覽

山卽弱水三千之言也。亦有人聚巢樹穴居。不識米穀。原作谷。从朱本景本改。但捕海中魚鰕而食。倮形無衣。惟結樹葉遮前後也。若商船因風落溜。人船不得復矣。羅以智案說海本首云自錫蘭山別羅里南去順風七晝夜可至。作三千餘溜。萬八二字疑衍。

詩曰

溜山分且衆。弱水卽相通。米穀原作谷。从朱本景本改。何曾種。巢居亦自同。盤針能指侶。原作佀。从朱本景本改。商船慮狂風。結葉遮前後。倮形爲始終。雖云瀛海外。難過石門中。歷覽吟成句。慇懃獻九重。

〔紀錄彙編本〕作溜山洋國。自錫蘭山別羅里南去。順風七晝夜可至其山。海中天巧石門有三。遠望如城門。中可過船。溜山有八。沙溜。官嶼溜。人不知溜。起來溜。麻里溪溜。加平年溜。加安都里溜。其八處網捕溜洋大魚。作塊曬乾。以代糧食。男子拳髮。穿短衫。圍梢布。風俗囂强。地產龍涎香。貨用金銀段帛磁器米穀之屬。其酋長感慕 聖恩。常貢方物。傳聞又有三萬八千餘溜山。卽弱水三千之說也。亦有人聚巢居穴處。不識米穀。但捕魚蝦爲食。裸形無衣。惟紉樹葉遮其前後。若商舶因風落其溜。人船不可復矣。

卜（原誤小・从朱本景本改・明史作不・）刺哇國 (Brawa)

傍海爲國。居民聚落。地廣斥鹵。有鹽池。但投樹枝於池。良久撈起。結成白鹽。食用無耕種之田。捕魚爲業。男女拳髮。穿短衫。圍稍布。婦女兩耳帶金錢。項（三本皆作項・从四卷本改・）帶瓔珞。惟有葱蒜。無瓜茄。風俗頗淳。居屋壘石。高起三五層。（朱本景本下有者字・）地產馬哈獸。花福祿。（馬哈獸即 oryx，花福祿即 zebra・本書阿丹條作黑白花驢・）豹。麂。犀牛。沒藥。乳香。龍涎香。象牙。駱駝。貨用金銀。段絹。米荳（朱本景本作豆・）磁器之屬。（羅以智案說海本首有自錫蘭山別羅南去二十一晝夜可至・其國與木骨都束國接連・）

詩曰

卜（原作小・朱本同・从景本改・）刺邦瀕海。無田種稻禾。樹枝投入沼鹹（三本皆誤醎・今改・）水結爲鹺（三本皆誤醝・今改・）。自古瓜茄乏。從來葱蒜多。異香兼（原誤廉・从景本改・）異獸。（上五字朱本作殊方異獸・脫一字・）感與一（原闕一・从朱本景本補・）吟哦。

〔紀錄彙編本〕自錫蘭山別羅南去二十一晝夜可至其國。與木骨都束國接連。山地傍海而居。壘石爲城。砌石爲屋。山地無草木。地廣斥鹵。有鹽池。但投樹枝於池。良久撈起。結成白鹽。風俗頗淳。無田耕種。捕魚爲業。男女拳髮。穿短衫。圍稍布。婦女兩耳帶金錢。項掛纓絡。惟有葱蒜。無瓜茄。

地產馬哈獸。狀如麝獐。花福祿。狀如花驢。豹麂。犀牛。沒藥。乳香。龍涎香。象牙。駱駝。貨用金銀。段絹米豆。磁器之屬。其酋長感慕 恩賜。進貢方物。

天方國（瀛涯勝覽國名同．嶺外代答作默伽．諸蕃志作麻嘉．島夷志略作天堂．今 Mekka 也．）

地多曠漠。即古筠（原誤笻．从朱本景本及島夷志略改．）冲之地。名爲西域。風景融和。四時皆（原誤之．景本同．从朱本改．）春也。田沃稻饒。居民（原倒誤．从朱本景本及島夷志略改．）安業。（以上本島夷志略．）風俗好善。有酋長。無科擾於民。無（原脫無字．从朱本補．）刑法之治。自然淳化。不生盜賊。上下和美。古置（原誤值．朱本作制．从景本改．）禮拜（三本皆作格．从四卷本改．）寺。見月初生。其酋長及民下悉皆拜天。以爲一國之化。餘無所施。其寺分爲四方。每方九十間。共三百六十間。皆白玉爲柱。黃甘玉（原誤土．从朱本景本改．）爲地。中有黑石一片。方丈餘。曰漢初天降也。其寺層次高上。如塔之狀。男子穿白長衫。地產金珀。寶石。眞珠。獅子。駱駝。祖剌法。豹。麂。馬八尺之高也。即爲天馬也。（島夷志略地產西馬．高八尺許．）貨用金銀。段疋。色絹。靑花白磁器。鐵鼎。鐵銚之屬。乃日中不市。至日落之後以爲（原脫爲字．从朱本景本補．）夜市。蓋其日色熱之故也。（羅以智案說海本首有其國自忽魯謨斯四十晝夜可至．其國乃西海之盡也．有言陸路一年可達中國．）

詩曰
罕見天方國．遺風禮義長．存心恭后土．加額感穹（三本皆誤窮・今改・）蒼．玉（原誤王・从朱本景本改・）殿臨西域．山城接
大荒．眞珠光彩潔．異獸貴馴（原誤訓・从朱本景本改・）良．日以安民業．晚來聚市商．景融禾稼盛．物阜草木香．尤
念蒼生志．承恩覽遠邦（朱本作方・）．採詩雖句俗．誠意獻君王．
後有字兩行・一行曰・道光甲辰清明日校・鏡泉羅以智・一行曰・是本爲明人舊抄本傳抄・以說海本校一過・乙巳試鐙日識・

〔紀錄彙編本〕其國自忽魯謨斯四十晝夜可至．其國乃西海之盡也．有言陸路一年可達中國．
其地多曠漠．即古筠冲之地．名爲西域．風景融和．四時皆春也．田沃稻饒．居民安業．男女穿白長
衫．男子削髮．以布纏頭．婦女編髮盤頭．風俗好善．酋長無科擾於民．亦無刑罰．自然淳化．不作盜
賊．上下安和．古置禮拜寺．見月初生．其酋長與民皆拜天．號呼稱揚以爲禮．餘無所施．其寺分爲
四方．每方九十間．共三百六十間．皆白玉爲柱．黃甘玉爲地．中有黑石一片．方丈餘．曰漢初時天
降也．其寺層次高上．如塔之狀．每至日落．聚爲夜市．蓋日中熱故也．地產金珀．寶石．眞珠．獅子．駱
駝．祖刺法．豹．麂．馬有八尺高者．名爲天馬．貨用金銀．段疋．色絹．青白花磁器．鐵鼎．鐵銚之屬．其國

王臣深感　天朝使至。加額頂天。以方物。獅子。麒麟貢于廷。

阿魯國

瀛涯勝覽作啞魯。爪哇史頌中之 Harwa。蘇門答剌島東北岸之 Aru 港也。

原闕　瀛涯勝覽云。自滿剌加國開船。好風行四晝夜可到。其國有港名淡水港一條。入港到國。南是大山。北是大海。西連蘇門答剌國界。東有平地。

〔紀錄彙編本〕其國與九州山相望。自滿剌加順風三晝夜可至。其國風俗氣候與蘇門答剌大同小異。田瘠少收。盛種芭蕉椰子爲食。男女裸體。圍梢布。常駕獨木舟入海捕魚。入山採米腦香物爲生。各持藥鏃弩防身。地產鶴頂。片米糖腦。以售商舶。貨用色段。色絹。磁器。燒珠之屬。

星槎勝覽後集終　原闕此行从朱本景本補

費信傳

見崑新兩縣續修合志卷三十文苑一

費信字公曉。永樂間詔中官鄭和使西洋。撫諭諸番夷。發銳卒二萬三千。艅四十有八。簡文采論識之士。顒一策書備上清覽。信首預選。由東吳海堧開䑸歷廣閩諸島。凡四十餘邦。計程八萬。自己丑至宣德癸丑。歲踰二紀。信每涖番城。輒伏几濡豪。叙綴篇章。標其山川夷類物候風習諸光怪奇詭事。以儲采納。題曰星槎勝覽。邑人周復俊爲刪析。附玉峯詩纂行世。

歸有光題（見震川集卷五）

余家有星槎勝覽。辭多鄙蕪。上海陸子淵學士家刻說海中有其書。而加删潤。然余性好聚書。獨以爲當時所記。雖不文亦不失眞。存之以待班固范曄之徒爲之可也。凡書類是者。予皆不憚讐校。卷帙垢壞。必命童子重寫。蓋余之篤好于書如此。己未中秋日。

同卷後有題瀛涯勝覽語・首云・余友周孺允家多藏書・予嘗從求星槎集以校家本・孺允并以此書見示・蓋二人同時入番・可以相參考・亦時有古記之所不載者云云・尾題己未潮生日書・

羅以智跋（鈞按跋中雙行小注皆鐵泉先生自注）

費信星槎勝覽二卷。四庫未著錄。曾刊入說海中。與諸家書目皆分四卷。是本爲明人舊抄。前集所親歷者二十二國。曰占城國。曰賓童龍國。曰靈山。曰崑崙山。曰交欄山。曰暹羅國。曰爪哇國。曰舊港（即明史三佛齊國）。曰滿剌加國。曰九洲山。曰蘇門答剌國。曰花面國（即明史那孤兒國）。曰龍牙犀角。曰龍涎嶼。曰翠藍嶼。曰錫蘭山國。曰小唄喃國（說海本唄喃皆作葛蘭。明史同）。曰柯枝國。曰古里國。曰忽魯謨斯國。曰剌撒國。曰榜葛剌國。後集所傳譯者二十二國。曰眞臘國。曰東西竺（即明史柔佛國）。曰淡洋。曰龍牙門。曰龍牙善提。曰吉里地門。曰彭坑（明史作彭亨。注云。一作湓亨。又作彭坑）。曰琉球國。曰三島國。曰麻逸國。曰假里馬丁國。曰重迦邏。曰渤泥國。曰蘇祿國。曰唄喃國。曰阿丹國。曰佐法兒國（明史佐作祖）。曰竹步國。曰木骨都束國。曰溜洋。曰卜剌哇國（明史卜作不）。曰天方國。說海本祇四十國。錯雜載之。有阿魯（明史亦作啞嚕）。而無龍牙善提。琉球。三島。渤泥。蘇祿。其文句大有詳略。如蘇門答剌國一條。金錢每二十八箇重金五兩二錢。是本則云金錢每四十八箇重金一兩四分。更爲歧異。首冠自序。兩本各別。紀年皆爲正統丙辰。不解何以不同。如是是本每國後各繫以詩。

唯阿丹一首爲七言餘悉五言交欄山獨無詩疑有脱佚説海本詩皆删去朱竹垞檢討輯明詩綜想亦未見是本故其人未經采入是書所紀諸國道里山川風俗物產多與明史同信自永樂至宣德間選往西洋四次按史傳鄭和經事三朝先後七奉使上西洋是書一在永樂七年明史作六年一在永樂十年隨奉使少監楊敕等不言鄭和明史本紀是年十一月丙辰亦使鄭和一在永樂十三年明史作十四年一在宣德六年明史作五年考當年親隨鄭和下西洋者尚有鞏珍著西洋番國志一在永樂十九年十月十六日與明史本紀書於正月癸巳不符一在宣德五年五月四日與明史符而與是書不符馬歡著瀛涯勝覽在永樂十一年與明史本紀書於十年十一月丙辰不符又不解何以不同如是果以史書爲足徵如爪哇傳中云至今國之移文後書一千三百七十六年蓋漢宣帝元康元年乃其建國之始也推元康元年丙辰至宣德七年壬子歷二十五甲子爲一千四百九十七年當肇啓於東漢光武帝中元二年丁巳此不難於稽考者猶有舛誤亦未可遽信史書謂諸家傳紀盡不足依據者矣又按鞏馬兩書皆有黎伐南勃里（明史勃里作渤利）稽之明史鄭和所使之國更有西洋瑣里瑣里加異勒阿撥把丹南巫里甘把里急蘭丹比剌阿利痲林沙里灣泥小阿蘭是書未紀及意者此數國信

未親歷。抑傳譯亦莫得其略者歟。至是書所紀龍牙犀角。淡洋。龍牙善提。吉里地門。假里馬丁。重迦邏諸國。則未嘗不可以補明史之所闕遺耳。

中國之旅行家

中國之旅行家

〔法〕沙畹 著　馮承鈞 譯

民國十五年商務印書館鉛印本

中國之旅行家

馮承鈞譯

商務印書館發行

法國沙畹原著
馮承鈞譯述

中國之旅行家

商務印書館發行

CHINESE TRAVELLERS

By

EDOUARD CHAVANNES

Translated by

FUNG CH'ÊNG CHUN

1st ed., Nov, 1926

Price: $0.25, postage extra

THE COMMERCIAL PRESS, LIMITED

SHANGHAI, CHINA

中華民國十五年十一月初版

(中國之旅行家一册)

(每册定價大洋貳角伍分)

(外埠酌加運費匯費)

編著者　法國沙畹

譯述者　馮承鈞

發行者　商務印書館

印刷所　上海北河南路北首寶山路 商務印書館

總發行所　上海棋盤街中市 商務印書館

分售處　北京 天津 保定 奉天 吉林 龍江 濟南 太原 開封 西安 南京 杭州 蘭谿 安慶 蕪湖 南昌 九江 漢口 長沙 常德 衡州 成都 重慶 廈門 福州 廣州 潮州 香港 梧州 雲南 貴陽 張家口 新嘉坡 商務印書分館

六二九版

中國之旅行家

繙譯之緣起及旨趣

余從事於中國法制沿革之研究。久焉於茲。所用之方法。不專事掇拾書本之記載。故於材料之搜集。頗注意前人所不經意之事物。顧用此種方法。研究之範圍既廣。而考索之材料亦多。進行愈遠。困難愈甚。往往因一事一物之考據。有經年累月尚難詳其梗概者。茲試舉其一端以明之。

中國之人種。經數千年外族血統之羼雜。今日之所謂漢族。非復四千年前之華夏。彰彰明矣。其進化時間。必受外來文化之灌輸。亦無可疑。小如一名一物之輸入。如漢代受希臘文化羼雜之蒲桃鏡。佛教輸入後受天竺文化羼雜之沙門 Sahman 佛陀 Buddha 等名詞。齊隋至唐初。宮女貴婦所著模仿大食風之羃䍦。此名物受外來文化影響之證也。大如公私法制之變更。如五胡亂後。中國家族制度反較鞏固。不似古代羅馬波斯制度因外族之侵入而致凌夷。我國古代所用苗黎之肉刑。自南北朝以還。大加減除。皆佛教輪迴果報之說有以致之。此制度受外來思想影響之證也。準是以觀。欲詳知中國制度之成分。應幷詳悉與中國有關係民族之制度文物。第研究至此。困難又見焉。

我國史籍對於外國之記載。固不乏可供參考之圖籍。但譯名旣不一致。而民族亦遷徙無常。例如罽賓一國。漢魏時在今之克什米爾 Kachemir。至唐代乃在安多羅卜 Andarab。（即大唐西域記之安呾羅縛。）又如塔什庫爾干 Tach-Kourghan 一地。卽今新疆之蒲犂。佛國記名曰於麾。洛陽伽藍記引宋雲惠生行記又名曰漢盤陀。西域記又名曰朅盤陀。再如波斯人稱基督教徒曰 Tersa 漢譯則有達娑。迭屑。忒爾撒等名。若不明原文之意。則李守常之長春真人西遊記所記「迭屑」二字。幾無從索解。是欲知外族之文化。須先解決此種問題。否則誤會叢生。茲舉近人因未從事於此種考索所引起之誤會一二事以證之。佛教初輸入之時。人皆知有摩騰法蘭二僧。但因四十二章經之文體及史書記載之失真。遂有疑及二僧之僞託者。（見梁任公佛教之初輸入文。）但據西方印度學者之考證。當時實有其人。迦葉摩騰乃譯 Kasyapa Matanga 之音。法蘭乃譯 Dharma Aranya 之意。

皆爲中天竺人。（見法人 Wieger 所著之中國宗教及哲學史。Histoire des croyances religieuses et des opinions philosophiques en Chine）又如佛國記法顯所經歷之耶婆提西文譯梵音爲 Java Dvipa 蓋卽今之爪哇。（見法人 Rémusat 1836 年佛國記譯本英人 Beal 1869-1884 年譯本。Giles 1877 年譯本。Legge 1886 年譯本等考證）乃今人（章太炎文集）則誤以其地在美洲。再如丁謙氏所著之西域記考證等書。考證雖詳。然臆斷亦夥。足證考證不詳。錯誤之深也。

昔在巴黎時。法國中學家沙畹氏。曾贈有著作數種。其中有「中國之旅行家」一小册子。初閱時覺多爲我國舊籍中之記載。經外國人所譯述者。不屑終讀也。近檢藏書復見之。重讀一過。見其中有若干材料。爲余窮年累月所難解決之問題。今皆不難按圖索驥。是此書不特爲繙譯之品。且兼有考據之功。中有數事。均足以補我史籍之缺。乃重譯之。不一月而竣事。復隨時檢閱各書。訂正原文及譯文之誤。殺青之後。問業諸子。時來借閱。譯稿祇一本。慮有遺失。乃付板印。以便示學子以研究方法之一端耳。民國十四年六月馮承鈞誌於北京

中國之旅行家

中國書籍中遊記頗富。本書之取材。僅限於歐洲文會經繙譯考證之著作而已。

中國之旅行家最能理會觀察。昔日亞洲經行之大道。多數國家之地勢古物風俗。今日皆得以昭示吾人者。不能不歸功於中國之旅行家。此輩或爲外交使臣。或爲負販商賈。或爲觀禮僧徒。於東亞之外交政策商業交際宗教進化中。影響滋多。就此兩點言。已足引起吾人之注意矣。

其最古之旅行家。吾人今獲有明確之記載者。厥爲張騫。當紀元前一六五年時。居甘肅西北之大月氏。爲突厥種之匈奴所敗。避處伊犂河流域。旋又爲烏孫所逐。復遷徙於嬀水。（按嬀水爲古之 Oxus 今之 Amou Daria ）至紀元前一三八年時。漢武帝欲借其力共滅匈奴。乃命張騫使月氏。騫爲匈奴拘留十年。始脫亡經大宛 Ferghana 康居 Sogdiane 而抵嬀水北之大月氏國。但月氏無報胡之心。騫乃於紀元前一二六年還。騫此行雖不能得要領。然於其旅行之中。得無數地理的及經濟的知識。影響於中國之前途至鉅且重也。

張騫此行。知中國西北方遊牧種族之後。中亞西亞之間。又有城郭之國。平和富庶。利於通商。此種民族爲伊蘭 Iran 民族東向之先驅。服從於亞歷山大帝之繼嗣人之下已久。已獲得希臘人之部分的文化。是張騫當時所發見者。即希臘伊蘭之文明也。

中國與此種種族交通之道。張騫以爲有二途可循。其一爲彼所經行之途程。顧此道北有突厥。南有西藏種。相接於其間。漢武帝爲通道計。自紀元前一一五至一一一年間。佔領今之涼州甘州肅州燉煌等地。其二爲假定之途。當張騫在嬀水流域之時。見邛竹杖蜀布。詢知市自身毒國 Sindhou。騫以爲中國西南亦可通西域。是時中國人不知此道之難通。故雖累費辛勤。終不得達身毒。然亦不無結果。揚子江以南各地之內屬。乃藉此役之力焉。

中國人因張騫之行又獲得一種錯誤的地理觀念。據張騫之說。黃河之源卽爲和闐水及疏勒水合流之塔里木 Tarim 河。是河流入蒲昌海（今之羅布淖爾 Lob Noor）。後。復潛流地下。至積石山而出。此說至紀元後八二二年唐使劉元鼎使吐蕃後。始略知河源之真相。張騫之後。漢使數至西域。與大宛交尤頻。至紀元前一〇二年時。國交破裂。漢兵遂取大宛都城。（按大宛貴山王城在今之 Ura-Tepe ）大宛國遂獻其善馬以求成。漢人爲飼馬並輸入苜蓿。並以蒲桃移植於中國。蒲桃之名。卽希臘語 Botrus 之譯音。今日所見之漢鏡。多有鑄蒲桃文於其上者。是可見希臘大夏 Bactrian, 之影響矣。

漢人欲西域之通道無阻。遂以兵力佔據西域。紀元後七三年時。使班超經略西域。計十六年中。或以外交。或藉武力。遂降諸國。而設治所於今之庫車。統之。時班超聞西方有大秦國。乃遣其將甘英求之。英臨大海。慴於土人之言而還。甘英所臨之海。非人久已信爲真之裏海其地似在今之波斯灣。是處有船可沿天方半島行至紅海北岸、達於隊商越亞敍利亞 Assyrie 地方之首途地。（可參考英人 Hirth 所著之中國及東羅馬 China and the Roman Orient 一書。一八八五年版。）

張騫所示之第一道已通。第二道亦漸開闢。紀元一一一年時。南方有南越國。地處今之廣東廣西及安南之北圻 Tonkin 等地。爲中國所征服。中國遂與交趾支那半島之各種民族相接。漢末中國雖分三國。然此全盛時代。不因之而終了。紀元二四五年時。吳大帝曾遣康泰朱應使瀾滄江下流之扶南國。此二人之游記雖佚。（按朱應所撰扶南異物志。隋書唐書經籍志皆著錄。）然中國史書中已引其梗概。其中有一事可使吾人注意者。當康朱二人未至扶南之前，扶南王已遣人使天竺。謁茂論王。（按茂論王卽印度古籍中之 Mouroundas ）。茂論王建都於曲女城。（按曲女城卽古之 Kanyakoubdja。今之 Kanauj）。由是可見中印之交際。交趾支那半島可能介紹也。但交際之開始。不由此路。今當再述中亞細亞一路。

按通考四裔考載「吳時扶南王范旃遣親人蘇勿使天竺。從扶南發。一年餘到天竺江口。逆水行七千里乃至焉。天竺王令觀國內。仍差陳宋等二人以月支馬四匹報旃。勿積四年方至。時吳遣中郎康泰使扶南。及見陳宋等。具問天竺土俗。云佛道所興國也。其王號茂論。」關係此事之考證。法人 Sylvain Lévy 著有未詳之二種民族 Deux peuples méconnus 一文。刊於

Mélanges de Harlez集中。一七六至一八七頁。一八九六年版。嗣後法人伯希和 P. Pelliot 又著有扶南 Le Fou-Nan 一文。刊於遠東法國學校校刊 Bulletin de l' Ecole Française de l' Extrême Orient 一九〇三年第三卷二四八至三〇三頁。

紀元前一二八年。張騫在嬀水北岸所發見之大月氏。當紀元初間。卽越嬀水至印度 Indus 河流域。在今之 Kaboul 及 Peshavar 等地建立强有力之貴霜帝國。卽今人所稱之 Indoscythe 帝國。希臘著作家所稱之 Tochari。印度人所稱之 Touroushkas 是已。此國君主篤信佛教。相傳著名之 Peshavar 窣堵波。卽爲此國著名之迦膩色迦 Kanishka 王所建。紀元前二年時。貴霜王曾遣使至中國。口授佛經。（按 Sylvain Lévy 以爲漢使至貴霜國。此二說皆係根據三國志裴注引魏略西戎傳所記。「漢哀帝元壽元年。博士弟子秦景憲從大月氏王使伊存口受浮屠經。」一事。）紀元六十七年時。漢明帝感夢金人。曾遣使至印度。偕外國沙門二人還。（按卽摩騰法蘭。）嗣後紀元二世紀三世紀間。來華傳教譯經之天竺僧人。多屬大月氏籍。

由中國至貴霜。須經東土耳其斯坦。是地小國甚多。沙漠中有水草之地。卽爲一國。此種小國。爲鄰近之大國。如匈奴貴霜西羌等所必爭。當紀元三世紀時。西域諸國之文化。據斯坦因Stein氏在和闐之西尼雅河斷流處。古城之中。所發掘之物證之。有中國之木簡。足證紀元二六九年。中國政治勢力曾及斯地。是曾受有中文化也。又有木簡皮書。證明斯地之言文。與貴霜國貨幣上所鑄之 Kharoshtri 文字相同。當時代紙之簡策。皆有泥封其泥封上之印跡。又與古希臘美術式相合。又與健馱羅 Gandhara 之希臘式雕刻物相合。是又可知當時斯地又受有希臘月氏之文化也。若再就此種文字上尋究之當時佛教之勢力。似遍布於東土耳其斯坦。而爲佔優勢之宗教。（按斯坦因氏著有和闐之沙中古跡 Sand-Buried ruins of Khotan 一書。記述此事。一九〇三年版。）當時中國雖與信奉佛教之民族相接。尚不受其浸染者。孔子之教根據太深。外國宗教不能取而代之也。至紀元四世紀時。中國北部爲蠻族所侵略。情勢遂變。有唐古特族者。（按卽史之氐。）西藏種也。初居東土耳其斯坦及中國之間。於紀元三百五十年時取長安。建前秦國。自是以後。佛教遂藉其力。廣爲傳佈。紀元三百六十六年時。有沙門某者。初次利用石洞。倡建佛寺於沙州附近之鳴沙山中。是即後來千佛洞之胚胎也。(按酈道元水經注。敦煌縣七里有鳴沙山。一名神沙山。清一統志載鳴沙山在敦煌縣南三十里。即千佛洞。唐建巖山間。舊有佛像萬計。)紀元三七二年。又有某僧赴高句麗傳佈信仰。(按史載秦王苻堅建元八年。遣使送浮屠順道及佛像經文於高麗。)

由是觀之。紀元四世紀之末年。佛教自健馱羅 Gandhara 傳佈於東土耳其斯坦。復經唐古特人之媒介。傳佈於中國北部。又東漸至於高麗。當時自恒河以東。以至亞洲極東。皆佛教所佈之地也。中國僧人之西游。即發端於是時。自是以後。六百年間。中國僧人之觀禮運動。不絕於途。此亦世界文化史中最重要之事也。此種旅行家。爲宗教之感奮所激動。經行亞洲之道途。周遊佛教世界。留示吾人以佛教地域之範圍。搜集印度經文。并繙譯無數經典。留存於今。其記述窣堵波及寺廟之書。爲今日考古學無價之鴻寶。此輩有時寓有外交性質。而爲帝國政策之機械。當時西遊者爲數固多。然其名今多不傳。而知其名者。著述又多散佚。茲就流傳於今之記述言之。

當紀元三九九年。唐古特種建後秦王朝於長安之時。有一羣中國僧人。同赴天竺尋求戒律。其中有法顯者。歸國之後。著有佛國記。最近之譯本有一八八年版 Legge 氏之 A Record of Buddhistic Kingdoms。據其記載云。法顯與其同行者發自長安。經由今之蘭州涼州甘州肅州敦煌等地。至今日羅布泊南之鄯善國。稍留復西行。經傴彝。(按卽今之焉耆 Karachar。)到于闐國 Khotan。當時之于闐在今之 Yotkan 大致在 Youroungkach 及 Karakach 之間。今日其地之居民。尙能於地中發見金片。足證昔日土人之信佛。佛寺偶像所覆之金。尙留存於今。法顯曾記其壯麗也。法顯等復發自于闐。經子合國。(按卽今之哈爾噶里克 Karghalik。)於麾國。(按卽今之塔什庫爾干 Tach-kourghan。)至竭叉國。與先行之僧衆會。(按竭叉國當爲今之疏勒 Kachgar。)復由竭叉還於麾。度葱嶺 Pamirs。經新頭 Indus 河支流之 Gilgit 流域。躡懸絙過新頭河。至迦濕彌羅 Cachemire。佛國記雖未記載此地。要必爲法顯等所必經也。復渡新頭河到烏萇國。(按卽古之 Oudyana。)卽西域記之烏仗那。在今之 Svat 流域。與西域記夾蘇婆薩堵河之記載相符。）旋至健馱羅國。（按即古之Gandhara。在今之Peshavar附近。）當法顯至北天竺時。曾觀禮四大塔。一爲宿呵多國（按即今之Girarai。在Peshavar及Bunar之間。）之菩薩割肉貿鴿處。一爲犍陀衞國（按即古之Poushkaravati。在今之Charsadda附近。）之菩薩以眼施人處。一爲竺刹尸羅（按即三藏法師傳之呾叉始羅。在Shah Dheri附近。）之菩薩以頭施人處。一爲Mahaban山中某地菩薩投身餧餓虎處。復南行至弗樓沙國。（按即今之Peshabar。三藏法師傳之布路沙布邏。）見迦膩色迦王Kanishka所建之著名窣堵波。及其中供養之佛鉢。復至那竭國。（按即今之Jallabad。古之Nagarahara。三藏法師傳之那揭羅喝國。）觀禮佛項骨佛錫杖佛留影等跡。法顯等復自北天竺至中天竺禮佛跡。中天竺之佛跡有八。禮拜者甚衆。分誌如下。

一迦維羅衛城（按卽古之 Kapilavastou。卽三藏法師傳之刧比羅伐窣堵。）附近之臘伐尼林 Loumbini。佛所生處。據中國旅行家之記述。此地似在今之 Terai Népalais 之中。英國格林維基經緯線東經八十三度二十分。北緯二十七度二十九分之間。

一菩提伽耶城（按卽古之 Bodh Gaya。今之 Gaya）。附近之菩提樹下身放光明處。（按三藏法師傳云伽耶山菩提樹成道處。

一波羅捺城（按卽古之 Vanianasi。今之 Bénarès）。附近之仙人鹿野苑（按在今 Sarnath 附近。）轉法輪處。（按三藏法師傳云婆羅痆斯國東北有鹿野伽藍。室中有佛作轉法輪像。東南有石窣堵波。是佛初轉法輪處。）

一舍衛城（按卽 çravasti。）附近之祇園 Jeta （按此處疑在今之 Térai Népalais 中。Rapti 水出山之處）說法論議伏外道處。（按三藏法師傳云室羅伐悉底國之逝多林。此言勝林。卽給孤獨國也）。

一僧迦施國（按卽古之 Samkaçya。今之 Sankisa。在 Kanauj 西北。）佛上忉利天爲母說法來下處。

一王舍城（按卽古之 Rajagriha。今之 Rajghir。在 Behar 西南十六英里。三藏法師傳名矩奢羯羅補羅城。註云此言上茅宫城。）佛爲諸弟子說法處。

一吠舍釐國（按卽古之 Vaiçali。今之 Besarh村。在 Patna 之北。）預示死期處。

一拘尸那揭羅國（按卽古之 Kucinagara。今尚未能指爲何處。

疑亦在 Terai Népalais 之中。）圓寂處。

法顯觀禮此八大名跡。及其他佛跡後。留居巴連弗邑（按卽古之 Patalipoutra。今之 Patna）三藏法師傳名曰波吒釐子國。）三年。學書寫律。歸時順恆水 Gange 東下。抵多摩梨帝國。（按卽古之 Tamralipti 今之 Tamlouk。在恆河口 Calcuta 之南。）此地爲當時 Bengale 海岸之大海港。法顯卽於此地附舟到當時敬禮佛齒之獅子國。（按卽今之錫蘭島 Ceylan。）法顯住此國二年。又附舟到耶婆提國。（按卽古之 Java Dvipa。今之爪哇 Java。）復乘船赴廣州。爲風浪漂流至長廣郡界牢山。（按在今之山東卽墨附近。）計在外十五年矣。

按佛國記最初之譯本。爲法人 Abel Rémusat 本。巴黎版。出版於一八三六年譯名爲 Relation des Royaumes Boudhiques: voyage dans la Tartarie, dans l' Afghanistan et dans l' Inde, exécuté, à la fin du IV siècle, par Abel Rémusat. Ouvrage postume revu, complété, et augmenté d' éclairecissements nouveaux par Klaproth et Landressé. 此本計卷首二十六頁。爲 Landresse 之導言。及刊誤表。一至三六七頁。爲佛國記譯文。三六八至四〇〇頁。爲附錄。附錄分二部。一部爲法顯經歷各地之地理誌略。二部爲法顯之行程考證。四〇一至四二四頁爲目錄。並附圖五。

次爲英國傳教師 Samuel Beal 譯本。譯名爲 Travels of Fah-Hian and San-Yun, Buddhist Pilgrims, from China to India, translated from Chinese by Samuel Beal。此本卷首七十三頁爲序文及導

言。一至一七四頁爲法顯宋雲遊記。一七五至二〇八頁爲洛陽伽藍記。惠生宋雲西行求經記。附圖一。一八六九年倫敦出版。

三次譯本爲 Giles 氏本。譯名爲 Record of the Buddhistic Kingdoms, translated from the Chinese by Herbert A. Giles。一八七七年上海出版。卷首十頁。本文一二九頁。

四次譯本爲 Legge 教授本。譯名爲 A Record of the Buddhistic Kingdoms: being an account of the Chinese Monk Fa-Hian of his travels in India and Ceylon (A. D. 399-414) in search of the books of Discipline, translated and annotated with a Corean recension of the Chinese text by James Legge。一八八六年 Oxford 出版。卷

首十五頁。譯文一二五頁。中國原文四十五頁。

此外關係佛國記之部份研究及考證甚夥。且多散見雜誌之文。茲不備列。可參考法人 Henri Cordier 所著之中國書目 Bibliotheca Sinica 第七卷二六五〇至二六五一頁。

法顯歸國百年後。紀元五一八年東胡種建立魏國於中國北部之時。有胡太后者。命使者宋雲與沙門惠生輩赴西域禮佛跡。獻供品。各著有遊記。今皆佚而不傳。惟在五四七年楊衒之所撰之洛陽伽藍記中見其梗概耳。據此書所引。宋雲等發自魏京師洛陽。經今西寧之西南。至東胡種吐谷渾所建之國。國在今青海西岸。此後之行程。記述不詳。惟知其經過鄯善城。（按城在羅布泊之南三百里。）左末城。末城。捍麼城。（按卽玄奘所經之媲摩。在今和闐東三百里 Gulakhma 之北。今之 Uzun tati 地方。）稍留于闐國。（按卽今之和闐 Khotan）卽經朱駒波國。（按卽佛國記之子合。今之 Karghalik）漢盤陀國。（按卽佛國記之於麾。今之 Tach-Kourghan）鉢和國。（按卽古之 Wakhan。悟空所經之護密。）抵嚈噠 Hephthalites 國。謁嚈噠王後。經波斯國境。（按此國亦名波知。在賒彌國北境山中。賒彌卽今之 Tchitral）至賒彌國。宋雲等至此得假道今日 Yassin 及 Gilgit 兩河流域所建之鉢盧勒國。（按史亦名此國曰勃律。卽 Bolor）然彼等不由此道。乃直向南行入烏場國。（按卽佛國記之烏萇 Oudyana。在今 Svat 流域。）旋赴乾陀羅國。（按卽佛國記之健馱羅 Gandhara。其都城卽今之 Peshavar）至五二二年始歸中國。考洛陽伽藍記所引不甚詳明。且多支離。但於烏場及乾陀羅二國之古物。記載實多。可見當時貴霜王朝統治時代。其地佛教之教義及美術。變更甚巨也。

按宋雲惠生之行記。英人 Beal 氏有與佛國記之合刋譯本。前已著錄。又沙畹有一九〇三年新譯本。原文登載於遠東法國學校校刋中。一九〇三年七八九月合刋。三七九至四四一頁。附有唐以前中國人所撰關係印度之書目。同年印有單行本。安南河內出版。全書六十三頁。譯名爲 Voyage de Song-Yun dans Udyana et Gandhara, (518–522)。

又百年後。當隋朝統一分裂已四百餘年之中國時。此短期皇朝之名主煬帝。欲東取高麗。北臣突厥。而對於西域。亦欲呑併。其臣裴矩。因之著西域圖記。（按舊唐書裴矩傳云。矩知帝方勤遠略。欲呑併四夷。乃訪西域風俗。及山川險易。君長姓族。物產服章。撰西域圖記三卷。入朝奏之。）煬帝曾命韋節杜行滿使罽賓。（按卽今之克什米爾 Cachemire。）王舍城。（古之 Rajagrihapoura。）史國。（古之 Kesch 亦名赭時。唐顯慶中之佉沙州。今之 Schahr-I-Sabz。）諸地。（按隋書卷八十三云。煬帝時遣侍御史韋節。司隸從事杜行滿。使於西蕃諸國。至罽賓得碼磁杯。王舍城得佛經。史國得十儛女。師子皮。火鼠毛而還。）韋節所撰之西蕃記。全書今已散佚。但關係記述康居之一部。今尙爲某通典家所保存。（按通考四裔考康居條。有西番記一段之節引。）

按關係隋代使臣之行程。德人 Neumann 曾根據隋書從事考證。著有 Handelstrassen von China Nach dem Westen; nach einem chinesischen werke aus dem sechsten Jahrhundert unsrer Zeitrechnung 一文。刊於一八三七年亞洲研究叢刊 Asiatische Studien 中。一八七至二〇二頁。此外歐洲學者關係西域及其他各地之著作譯述甚夥。可參考「中國書目」二六二九至二六七一頁。法顯宋雲之記述。固爲有價值之作品。然不足與六四八年玄奘所撰述之西域記。及三藏法師傳。相提並論也。玄奘可以印度之 Pausania 稱之。(按 Pausania 爲希臘之史地學家。其所撰之 Periegesis 尙爲今日考古學家所據以爲尋求古物之佳作。) 玄奘曾自西至東。自北至極南。周遊印度。其足跡未至之處。則據可靠之說記之。彼爲今日一切印度學家之博學的嚮導。今日學者得以整理七世紀印度之不明瞭的歷史地理。使黑暗中稍放光明。散亂中稍有秩序者。皆玄奘之功焉。

玄奘於六二九年首塗。時禁約百姓不許出蕃。玄奘乃潛行經涼州瓜州至伊吾。（按卽今之哈密。）高昌國王（按高昌國在今吐魯蕃之西雅爾湖附近之雅爾城 Yar Khoto ）聞之。卽發使敕伊吾王遣法師來。玄奘初意欲逾天山循北麓西行。高昌使來。既辭不獲免。於是遂行涉南磧。至高昌。時高昌王爲西突厥統葉護 jabgou 可汗之姻戚。（按三藏法師傳云。可汗長子是高昌王妹婿。）玄奘至高昌。高昌王以書介紹之於可汗。當時西突厥統有十部。左爲五咄陸。居今日之天山北路。右爲五弩矢畢。居藥殺水（按卽古之 Iaxartes 今之 Sir Daria。）及熱海（按卽今之 Issyk Koul）。

之間。國勢甚强。聲威所及。東至金山。Altai 南迫 Sassanide 王朝所建國。時此國西方亦爲東羅馬帝 Héraclius 所攻。是時之康居 Sogdiane 覩貨羅（按卽 Tokharestan 亦稱吐火羅）迦畢試 Kapica 以迄信度河（卽佛國記之新頭河。今之 Indus。）兩岸皆爲所屬。玄奘欲至其國。乃循天山南道。過銀山。（按卽今之庫莫什山 Gumuch Tao。）經阿耆尼。（按卽今之焉耆 Karachar。）屈支。（按卽今之庫車 Koutcha。）跋祿迦。（按卽今之拜城 Yaka Aryk。）等國。逾天山。（按三藏法師傳云凌山。卽葱嶺北隅也。）出山後至一清池。（按卽今之 Issyk Koul。三藏法師傳註云清池。今云熱海。因其對凌山不凍。故得此名。）循海北岸行至素葉城。（按卽今之 Tokmak。）逢突厥葉護可汗。戎馬甚盛。當玄奘未至西突厥之三年前。有印度沙門波羅頗伽羅 Prabhakaramitra 者。因赴中國。曾至可汗庭。講說佛經。頗爲可汗所信禮。茲玄奘至。故亦受歡迎。并以保護者自任。爲之利便其旅行。

玄奘旋經康居各地。於羯霜那國（按卽古之史國。唐之佉沙州。古稱 Kesch 今之 Schahr-I-Sabz ）之南。逾著名之鐵門。至覩貨羅國。渡縛芻河。（按卽古之嬀水 Oxus 今之 Amou Daria ）至活國。（按卽今之 Koundouz ）此爲覩貨羅行政中樞。葉護長子呾度設所居之地。當玄奘莅其國時。設（按設爲官名）爲其子藥死。簒立爲設。（按三藏法師傳云。高昌公主可賀敦已死。設後娶可賀敦年少。受前兒囑。因藥以殺其夫。設既死。高昌公主男小。遂被前兒特勒簒立爲設。）

玄奘經行迦畢試。健陀羅。及全印度之行程。吾人勿庸詳述。讀者如欲知之。可取 Cunningham 將軍之印度古地理。及其後迭經修正之文覆按之可也。吾人今祇誌其歸程。

玄奘遊南印度還。居那爛陀寺。（按 Nalanda 寺在今之 Baragaon。地在 Rajghir 之北七英里。）此寺之僧人。以閑解經律著名。玄奘居寺二年。方欲歸國時。迦摩縷波國（按即古之 Kamaroupa。今之 Assam）。鳩摩羅 Koumara 王發使來請。玄奘甫至其國。摩揭陀國（按即 Magadha）。之戒日王（按即 Harsha çiladitya）。亦欲見之。乃强迫鳩摩羅王送脂那僧來。玄奘既至。摩揭陀王爲之集宗教之師大會於曲女城。（按即古之 Kanyakoubja。今之 Kanauj）旋於鉢羅耶伽國（按即古之 Prayaga。今之 Allahbad。考 Allah 之義爲天方語上帝之稱。Bad 爲波斯語城聚之義。名稱之更迭。可以知其古今信仰之變遷矣。）爲無遮大施。王欲留玄奘。固辭乃得行。歸時經呾叉尸羅國 Takshaçila。渡信渡河時。遇風波。稍失所載經本及花種。時迦畢試王在信渡河岸之烏鐸迦漢荼城 Oudabhanda。遂與玄奘偕行。幷遣人送至大雪山麓。（按卽今之興都庫什山 Hindoukouch）。逾山經安呾羅縛婆國 Andarab。復至活國。見弑父之突厥君長。亦見禮遇。幷遣衛送。遂經訖栗瑟摩國。（按卽今之 Kishm）。鉢創那國。（按卽今之巴達克山 Badakchan）。淫薄健國。（按卽古之 Yangan 今之 Kokcha 流域。）屈浪拏國。（按卽古之 Kourana 在今之 Kokcha 上流。）向東北行至昏馱多城。（按卽今之 Kandout。在 Ishkashim 水上流 Pandj 水之左岸。）復經波謎羅。（按卽今之葱嶺 Pamirs）似沿今之 Sir-I-Kour 湖行。至朅盤陀國。（按卽今之塔什庫爾干 Tach-Kourghan）其後之歸行經地。則爲佉沙國。（按卽今之疏勒。）斫句迦國。（按卽今之哈爾噶里克 Karghalik）。抵瞿薩旦那國。（按卽古之于闐。今之和闐 Khotan）乃修表入朝。言其已抵于闐。請寬其十五年前私往天竺之罪。及使還。反蒙恩敕降使迎勞。乃卽向長安進發。經媲摩城。（按卽今之 Uzun Tati 在 Gulakhma 之北。）泥壤城。（按卽今之尼雅。）羅布泊南。及沙州。於六四五年如凱旋然入長安。

按玄奘西遊之考證。英法俄德文撰述可以參考者甚夥。茲略舉其重要者列左。

關於西突厥。有沙畹之西突厥考證 Documents sur les Tou-Kiue

occidentaux. 一九〇三年聖彼得堡出版。三百七十八頁。

關於印度古代地理。有 The Ancient Geography of India. I. the Buddhist Period including the Campaigns of Alexander, and the Travels of Hwen-Thsang, by Alexander Cunningham. 一八七一年倫敦出版。卷首二十頁。本文五百九十頁。附圖十三。

大慈恩寺三藏法師卷。有法文譯本。Histoire de Hiouen-Thsang et de ses voyages dans l' Inde, depuis l' an 629 jusqu'en 645, par Hoei-Li et Yen-Thsang. Par Stanislas Julien. 一八五三年巴黎出版。卷首八十四頁。本文四百七十二頁。

大唐西域記前人亦有法文譯本。Mémoire sur les contrées occidentaux. 巴黎出版。二册。第一册一八五七年出版。卷首七十八頁。本文一至八卷。四百九十三頁。附中亞地圖一。第二冊一八五八年出版。九至十二卷。附古印度及中亞地圖一。卷首十九頁本文五百七十六頁。

英文有 Samuel Beal 譯本。Buddhist Record of the Western World. 一八八四年倫敦出版二冊。爲 Trubner 書店東方叢刊 Oriental Series 之一部份。一九〇六年有新版。

此外關係西域記考證之撰述甚多。可參考「中國書目」一二六五八至二六六三頁。

玄奘之別戒日王。頗難詳其年月。然若計其歸途中在各國之居留時間。其首途時似在六四一年。當六四三年。時唐使李義表王玄策使摩揭陀國。（按新唐書及通考作摩伽陀。王玄策是時未奉使。）因摩揭陀國曾遣沙門一人至中國也。此沙門似爲玄奘至後戒日王所派之使。則玄奘爲唐與摩揭陀之外交發起人也。

按通考云。「玄奘粗言太宗神武平禍亂。四夷賓服狀。王喜曰。我當東面朝之。貞觀十五年（六四一年）自稱摩伽陀王。遣使者上書。帝命雲騎尉梁懷璥持節慰撫。尸羅迭多（按卽戒日王）驚問國人曰。自古亦有摩訶震旦使至吾國乎。皆曰無有。戎言中國爲摩訶震旦。乃出迎膜拜。受詔書。戴之頂。復遣使者隨入朝。詔衞丞李義表報之。大臣郊迎。傾都邑縱觀。道上焚香。尸羅迭多率羣臣東面受詔。復獻火珠鬱金香菩提樹。二十二年（六四八年）遣右衞率府長史王玄策使其國。以蔣施仁爲副。」

玄奘於六四五年抵長安告以印度情狀。王玄策於六四六年復奉使。當此時間戒日王死。其臣簒位。（按卽史之阿羅那順。）發兵拒玄策。玄策從騎皆沒。乃挺身奔吐蕃。檄召鄰國兵。吐蕃王棄宗弄贊 Srong-Tsan-Gam-Po 於六四一年已尙唐公主。乃以兵助玄策。泥婆羅王 Népal 那陵提婆 Narendradeva 亦以兵來會。進攻摩揭陀軍。破之。擒僞王。於六四八年獻俘長安。至六五七年。王玄策復三次奉使至印度。以袈裟披掛佛像。並觀禮聖跡。至六六一年始歸。（按王玄策爲中印交際之要人。而新舊唐書皆無傳。其所撰之中天竺國行記十卷。今佚。惟於法苑珠林中散見之。）

當王玄策使天竺之日。適爲中國全盛之時。六五七年平西突厥。併其廣大土地。於六五七年至六六一年間。遠道皆置都護管領。

唐書今尙留存關係中亞洲地理價值最重之材料二件。其一列舉天山北路一帶建置之府州。其二列舉吐火羅及其附近各地北抵鐵門南至信度河一帶所置之府州。（按即唐書地理志所載之西域十六都督州府。沙畹有西突厥考證一書。曾取材於此）

按法人 Sylvain Lévy 及沙畹曾撰有王玄策使天竺記。Les missions de Wang Siueng Ts'e danss L'inde, 載於亞洲報 Johrnal asiatique 一九〇〇年三四月刋二九七至三四一頁。五六月刋。四〇一至四六八頁。

唐代之盛。固爲前此中國所未見。然其覊縻屬地之實力。亦未能持久而不衰。自六六三年。吐蕃逐吐谷渾於青海之外以還。即爲唐之强敵。常於天山南路及西突厥舊地一帶。破壞唐之企圖。而大食國又從而侵迫吐火羅各地。職是之故。七世紀之後葉。旅行家多捨陸而航海。據僧人義淨求法高僧傳所記六十僧人之傳記。可以見之。據此書及其南海寄歸內法傳二書之所記。可以知義淨之往回行程。彼於六七一年自番禺附波斯舶出發。航行二十日至室利佛逝 Çri Bhadja。此地似卽今之爪哇。（但高楠順次郎以爲卽今之 Palembang。）當時爲印度文化傳佈之區域。旋至末羅遊 Malaiur 此地似在蘇門答臘島 Sumatra 之 Palembang 附近。繼至今之 Kéda。此處卽阿剌伯人 Ibn-Khordadhbeh 所記之 Kilah。在今馬來半島 Malacca 之西岸。又過 Nicobar 羣島。義淨名之曰裸人國。其記述此地之情形。與九世紀阿剌伯之旅行家所記若合符節。後抵印度恆河口之多摩梨帝港 Tamralipti 卽昔日法顯之登舟處也。義淨在印度之行程。頗難詳究。但知其留那爛陀 Nalanda 十年。其書非純粹科學之撰述。亦非地理之專載。但馬來羣島之佛教。印度之梵文學醫術。以及其特別肄習之經律。得藉此二書以傳。義淨頗富於文詞及冒險精神。吾人今讀其書。觀其奮厲孤行。不畏艱險。足使吾人念及外國傳教師之殉身傳道云。

按義淨之求法高僧傳。沙畹有法文譯本 Les Religieux éminents qui allèrent chercher la loi dans les pays d'occident. 一八九四年巴黎出版。卷首二十一頁。本文二百十八頁。其南海寄歸內法傳。日人高楠順次郎有英文譯本。A Record of the Buddhist Religion as practised in India and the Malay Archipelago. 一八九六年 Oxford 版。卷首六十四頁。本文二百四十頁。

唐代最後西行觀禮之僧人爲悟空。此僧未出家之前。曾於七五一年隨敕使送迦畢試 Kapiça 國使臣歸國。曾經由安西都護般治之庫車。疏勒。葱嶺之五識匿。（按卽今之 Chighnan）。護密。（按卽昔之鉢和。今之 wakhan）。假道 Yassin 及 Gilgit 二水流域。而至印度河 Indus。此二水流域各書中名稱各別。曰勃律。曰布露。曰波露。曰鉢盧勒。（按卽西域圖志之博洛爾 Bolor）。爲由中國赴印度常循之途。旋經烏仗那 Udyana。（按卽今之 Svat 流域。）至健馱羅國。（按卽古之 Gandhara。今之 Peshavar）。此國至是已爲迦畢試國合併。而爲其東都。悟空至是患病。不能隨敕使歸國。乃發願出家爲僧。留迦濕彌羅 Cachemire 久之。後巡歷佛跡。數年歸國。其歸途所經之地。爲都貨羅之五十七蕃。骨咄。（按卽今之

Khottal）俱密（按即古之 Koumedh 今之 Karatégin）識匿。疏勒。于闐。龜茲。焉耆。北庭。時北庭爲今之濟木薩。在今之古城附近。於七九〇年歸長安。悟空行紀雖簡。然亦可藉知當時突厥君長在健馱羅迦濕彌羅等地所建之多數佛寺也。

按宋高僧傳悟空傳略云。釋悟空姓車氏。名奉朝。天寶九載。罽賓遣使來朝。請使巡按。明年敕中使張韜光將國信行官兼吏四十餘人西邁。時空未出俗。授左衛涇州四門府別將。令隨使臣自安西路去。至十二載。至健陀羅國。罽賓之東都城。其王禮接唐使。使迴。空篤疾。留健陀羅。病中發願。痊當出家。遂投舍利越摩落髮。號達摩馱都。華言法界。當肅宗至德二年也。後巡歷數年歸國。空行從北路至都貨羅國五十七蕃中。經骨咄及龜茲。尋抵北庭。翻經訖。隨中使段明秀以貞元五年達京師。

按悟空行記。法人 Sylvain Lévy 及沙畹有合著本。L' itinéraire d' Oukong (751-790) 載亞洲報 Journal Asiatique 一八九五年九十月刊。三四一至三八四頁。

英人M. A. Stein亦撰有悟空加濕彌羅記疏證。Notes on Ou-K' ong's Account of Kaçmir. 一八九六年刊。三十二頁。

當悟空於七五一年首途西行之時。亦卽中國歷史中危難之際。南方之擺夷建南詔國於今之雲南大理府。卽於是年五月二十七日大敗唐兵。(按卽史載之鮮于通討閤羅鳳兵敗西弭河事。)南詔懼唐之報復。與吐蕃之贊普 Btsanpo 合盟。自是南方又增一大敵焉。同年七月間。唐將高仙芝又爲阿剌伯人大敗於怛邏斯河Talas（按即史載之高仙芝斬石國王。王子走大食乞兵。攻怛邏斯城。敗仙芝軍事。）中國所領之西突厥故地。又脫羈絆。自是至十世紀之初。唐之威力不能行於國外。旅行之事。當亦因之中止。其間可記者。惟旅行家杜還一人而已。杜還昔從高仙芝軍。似於怛邏斯之役。爲大食所虜。於七六二年脫還廣州。撰有經行記一書。今已散佚不完。當時大食所虜之唐人。曾以亞洲以西所未諳之造紙工業輸入石國Samarkand云。

按通典云「族子環隨鎮西節度使高仙芝西征。天寶十載至西海。寶應初因賈商船舶自廣州而回。著經行記。」又云「高仙芝伐石國於怛邏斯川。七萬衆盡沒。」又通考咀邏私城條云「此國商胡雜居。有小城三百。本華人。爲突厥所掠。羣保此。

尙華語。則大食以前。尙有中國虜人居中亞也。

又考通典所引經行記記大食國事有云「漢匠作畫者。京兆人樊淑劉泚。織絡者。河東人樂隈呂禮。」則當時中國技術之輸入西方。不僅造紙一藝也。

唐代末葉。固無旅行之使臣及僧徒可以記述。第唐與外國之交通。固未因是中止。是時商業之交易。仍繼續進行如故。考賈耽所記之通亞洲各地道路。（按卽新唐書地理志四十三卷下所誌之七路。賈耽又撰有郡國縣道四夷述。漢晉遺書鈔有叢刊本。今未見。）有八路。旣簡單。又不明瞭。蓋聞諸商賈所述。從而記載之。其中有一路爲由廣州至報達 Bagdad 之路。九世紀之阿剌伯商人 Soleyman 亦曾記述波斯灣北岸之 Syraf 港。有多數中國海舶行抵此處。可以證明當時海上交通之頻繁也。

按法人Renaud撰有天方波斯人航行中國印度記。Relation des voyages faits par les Arabes et les Persans dans l' Inde et à la Chine. 可以考證當時海上交通之情形。

五代時中國之旅行家可記者。惟張匡鄴出使于闐一事。張等發自九三八年。歸於九四二年。同奉使之高居誨。撰有行記。沙州以東之行程可考。沙州以西頗欠明瞭。

按通考載「晉天福三年。于闐王李聖天自稱唐之宗屬。遣使來貢。高祖遣供奉官張匡鄴高居誨等入其國。冊聖天爲大寶于闐國王。匡鄴等自靈州（按晉之靈州在今之靈武縣之西南）行。二年至于闐。七年乃還。頗記其往來所見山川。而不能道聖天世次也。」所引居誨紀略曰。「自靈州過黃河行三十里。始涉沙入党項界。登沙嶺。沙嶺党項牙也。涼州西行五百里至甘州。甘州回鶻牙也。至肅州渡金河。西百里出天門關。又西百里出玉門關。經吐蕃西至瓜州沙州。沙州西曰仲雲族。其牙帳居胡盧磧。西行入仲雲界。至太屯城。又復渡陷河至紺州。于闐所置也。在沙州西南。云去京師九千五百里。又行二日至安軍州。遂至于闐。聖天衣冠如中國。喜鬼神而好佛。居處嘗以紫衣僧五十人列侍。其年號同慶二十九年。其國東南曰銀州盧州湄州。其南千三百里曰玉州。云張騫所窮河源出于闐。而山多玉者此山也。」

宋朝建國於九六〇年。初業百年間。國勢甚盛。西方門戶復開。九六四年。詔沙門三百人入天竺求經。據另一說。謂沙門百五十七人。發自九六六年。沙門之中有繼業者。於九七六年歸國後。撰有行記。惜所記甚簡。材料無多也。

按范成大吳船錄云「乾德二年詔沙門三百人入天竺求舍利及貝多葉書。有繼業三藏姓王氏。耀州人。預遣中。至開寶九年始歸。寺所藏涅槃經一函四十二卷。業於每卷後分記西域行程。雖不甚詳。然地里大略可考。世所罕見。錄於此。以備國史之闕。業自階州（今甘肅武都縣）出塞西行。由靈武西涼甘肅瓜沙等州。入伊吳高昌焉耆于闐疎勒大石諸國。度雪嶺至布路州國。Bolor 又度大葱嶺雪山至伽濕彌羅國 Kasmir。西登大山。有薩埵太子投崖飼虎處。遂至健陀羅國 Gandhara。謂之中印土。又西至庶流波國。及左爛陀羅國 Jalandhar。國有二寺。又西過四大國。至大曲女城 Kanauj。南臨陷牟河 Jumna。北背洹河 Ganga。塔廟甚多。而無僧尼。又西二程有寶塔故基。又西至波羅奈國 Bénerès。兩城相距五里。南臨洹河。又西北十許里至鹿野苑。塔廟佛蹟最夥。業自云別有傳記。今不傳矣。南行十里渡洹河。河南有大浮圖。自鹿野苑西至摩羯提國。館於漢寺。寺多租入。八村隸焉。僧徒往來如歸。南與杖林山相直。巍峰巋然。山北有優波掬多石室。及塔廟故基。南百里有孤山。名鷄足三峰。云是迦葉入定處。又西北百里有菩提寶座。城四門相望。金剛座在其中。東向。又東至尼連禪河。東岸有石柱。記佛舊事。自菩提座東南五里至佛苦行處。又西三里至三迦葉村及牧牛女池。金剛座之北門外。有師子國伽藍。又北五里至伽耶城 Gaya。又北十里至伽耶山。云是佛說寶雲經處。又自金剛座東北十五里至正覺山。又東北三十里至骨磨城。業館於鰕羅寺。謂之南印土諸國。僧多居之。又東北四十里至王舍城 Rajagriha。東南五里有降醉象塔。又東北登大山。細路盤紆。有舍利子塔。又臨澗有下馬迎風塔。度絕壑。登山頂。有大塔廟。云是七佛說法處。山北平地又有舍利本生塔。其北山半曰鷲峯。云是佛說法華經處。山下卽王舍城。城北山址有溫泉二十餘井。又北有大寺及迦蘭陁竹園故跡。又東有阿難半身。舍利塔溫湯之西有平地。直南登山腹。有畢鉢羅窟。業止其中。誦經百日而去。窟西復有阿難證果塔。此去新王舍城八里。日往乞食。會新王舍城中有蘭若隸漢寺。又有樹提迦故宅城。其西有輪王塔。又北十五里有那爛陁寺 Nalanda 。寺之南北各有數十寺。門皆西向。其北有四佛座。又東北十五里至烏嶺頭寺。東南五里有聖觀自在像。又東北十里至伽濕彌羅漢寺。寺南距漢寺八里許。自漢寺東行十二里至卻提希山。又東七十里有鴿寺。西北五十里有支那西寺。古漢寺也。西北百里至花氏城。育王故都也。自此渡河北至毘耶離城。有維摩方丈故跡。又至拘尸那城。及多羅聚落。踰大山數重。至泥波羅國。又至磨逾里過雪嶺。至三耶寺。由故道自此入階州。

又按法人 Huber 著有繼業行程。L'itinéraire du pèlerin Ki-ye dans l' Inde. 刊於遠東法國學校校刊。一九〇二年第二册。

五六至二二五九頁。

據史籍所誌中國僧人之西行。至一〇五〇年。爲數固多。然記述絕無。第自在伽耶城 Bodh Gaya 之摩訶菩提寺舊址中。發見中國碑文五種以來。吾人始獲知其中數旅行家之事跡。其一碑爲九五年間之物。（按通考云「滄州僧道圓自西域還。道圓天福中詣西域。在塗十二年。往五印度凡六年。」此碑款爲道圓等所建。沙畹氏別有菩提伽葉中國碑考證一文。Les inscriptions chinoises de Bodh Gaya. 刋於宗教史雜誌中。Revue de l' histoire des religions. 一八九六年第三十五册。一至五十八頁。一八九七年第三十五册。八十八至一一二頁。今未見此文。容後再考證之。）其三碑爲一〇二二年之物。其末一碑爲一〇三三年之物。自十一世中以後。中國西遊僧人遂絕行跡。考厥原因有二。一宋朝北方受契丹之迫脅。正聚其力以防北邊。無暇顧及此事。二回教侵入印度。佛教因之衰微。前之信徒頂禮之聖跡。至是遂寂無一人矣。

中國僧人行程固遠。然其足跡決未一至美洲。中國人至美洲之說。De Guignes 倡之於一七六一年。其所據之本文。頗單簡。即中國史書所誌四九九年扶桑國沙門慧深一事。古之扶桑。蓋即日本或在高麗。（按荷人 Schlegel 以爲即昔之庫頁島。其撰述之扶桑國考證一文。載於通報一八九二年第三冊。一〇一至一九八頁。）若謂扶桑即美洲。洵大謬也。

當時中國使臣出使外國者。有宋之初。九八一年至九八三年。有王延德之使高昌一事。延德發自夏州（今山西夏縣）。自夏州至伊州（今之哈密）。詳述所見之種族。旋經今之魯克沁Louk-tchun 達高昌（今之吐魯番）。據其行記。其地佛寺甚夥。復有波斯僧住持之摩尼寺。國王時避暑於北庭。延德乃逾今之博格達阿拉。（按卽延德行記之金嶺。西域圖志謂博格達山卽北史魏書唐書之貪汗山。但西域圖志錯誤甚多。未敢遽以爲是也。）至北庭。北庭自唐以來卽名別失八里 Bichbalik。地在今之古城之西。今之濟木薩地方（按卽今之新疆孚遠縣）。

按王延德出使記。法人 Stanislas Julien 之中國印度語言學及亞洲地理雜刊。 Mélanges de géographie asiatique et de philologie sinicoindienne. 一八六四年版。第一冊。八十六至一

○二頁。別有考證。

此外旅行家可述者。尚有四人。其一爲五代之胡嶠（九四七至九五三年）（按胡嶠著有陷虜記）。其三人爲宋人王沂。富鄭。（按富鄭爲鄭公富弼之誤。）宋綬。皆當時記述契丹民族所據各地之人。Cathai 或 Kitai。爲中世紀至馬可波羅 Marco Polo 時。今之俄羅斯人所稱中國之號。據此數旅行家之記述。吾人知契丹之上京。在今之西喇木倫河 Silamouren 之支流。察罕木倫河 Tchagan 之發源地。其中京在今之老哈河 Lohan 左岸。今之察罕蘇布爾罕地方。Tchagan Soubourgan 遼之建國始祖陵墓在老哈河及西喇木倫匯流之處。今之北京。即遼之南京。赴上述各地所經之路程。吾人今得據此種記述復按之。

按沙畹撰有中國旅行家游契丹女真記。Voyageurs chinois chez les Khitan et les Jourtchen。刊於亞洲報一八九七年五六月刊。

當一一一九年時。契丹又爲朱理真（按卽女真。女真卽朱理真 Djurtchen 之轉。朱理真之譯音。見大金國志及三朝北盟會編。）所滅。建立金國。一一二五年。宋使許亢宗使朱理真。時金帝駐所在於松花江岸之支流阿祿阻 Altchoucou 河岸。阿祿阻義卽金也。金國之名本此。朱理真之語言與滿洲語言相近。而滿洲發源之鄂多里 Odoli。又與金之發源地相近。玆二種族。當不無關係可尋也。

一一二七年時。金國南侵。宋國棄汴京。遷都於臨安。西方陸地交通雖阻。然海道舟船仍通行如前。有趙汝适者。提舉福建市舶。於一二〇五年至一二五八年間。在泉州據航海者所言。撰諸蕃志一書。本人雖未親歷各地。但其記錄多據可信之說。今日此書尚可補阿剌伯人記錄之缺也。

按諸蕃志 Hirth 有譯文。Die Lander des Islam nach chinesis-chen Quellen. 散見於一八九四一八九五年通報中。

金國雖建强國於中國北部。然至十三世紀之初。又有突蒸强盛之蒙古種附其背。蒙古種初游牧於斡難河 Onon 怯綠連河 Keroulen 土拉河 Tola 三河發源地之間。爲成吉思汗所統轄。初併附近各部落。復南敗金國。西滅建國於吹河 Tchou 及怛邏斯河 Talas 間之西遼。（其都城爲八剌沙袞 Balasaghoun）旋返師東略昭武九姓 Sogdiane 及吐火羅之地 Tokharestan。有契丹人耶律楚材者。從征。撰有西遊錄。述一二一八年至一二一九年隨成吉思汗自山西之北至撒馬爾罕 Samarkand 及不花剌 Boukhara 等地之行程。與金人某於一二二〇年奉使所述之路程略同。但此二遊記不能與當時長春真人謁成吉思汗於興都庫什 Hindu-Kouch 歸述之遊記。有同等之價值也。（按即李守常撰之長春真人西遊記）據長春真人游記云。真人於一二二〇年發自萊州。經今之北京。北行經居庸。時尚未建今日遊客所羨賞之關門也。因應成吉思汗弟某（按記名斡辰大王）之請。乃北行赴貝爾池 Buir Noor 之大王帳下。復遵陸局河（按即元史之怯綠連今之喀魯倫河 Keroulen ）以西渡土拉河 Tola。

（按記云淺河。）鄂爾坤河 Orkhon。塔米爾河。越杭愛山 Khan-gai。又於烏蘭達坂 Oulan Daban 逾天山。抵今之博格達鄂拉 Bogdo ola 北麓。古之別失八里 Bichbalik。（按卽今之孚遠。）復西行宿輪臺。（按在今之迪化東七十里。）迭屑頭目來迎。（按迭屑 Tersa 爲波斯語基督教徒之稱。）復踰天山（按記名陰山）北麓至天池。（按卽今之賽剌木泊 Sairam。）沿池南渡松樹頭嶺之塔勒奇城 Talki。抵伊犂河流域。（按記作答剌速沒輦。）經托克瑪克。（按卽西突厥之素葉城。今之 Tokmak。）奧里阿塔 Aoulie-Ata。塔什干。（按卽古之石國。今之 Tachkend。）撒馬爾罕。（按卽古之康國。今之 Samarkand。）巴耳克。Balkh。抵大雪山。（按卽今之興都庫什 Hindu-Kouch。譯意卽印度山）之大汗帳下。

按長春真人邱處機西行。自伊犂至興都庫什蒙古大汗帳中間所經地。沙畹祇述今地。頗難以原書定爲昔之何地。茲據原書考其路程。據云「一月一日渡伊犂河。六日渡察林河。十八日沿南山而西。七八日至一石城。十一月五日行。西南復三日至一城。明日又歷一城。復行二日有河。是爲霍闡沒輦。（按元史作忽章河。今名納林河 Naryn ）渡浮橋。卽夜行。復南望大雪山而西。經四城。仲冬十有八日過大河。（按卽納林河。）至邪米思干大城之北。（按卽今之霍罕城。）三月十有五日啓行。四日過碣石城。（按卽唐之史國 Kesch 今之霍什城 Scharb-i-Sebz ）過鐵門。東南渡山。濟大河。卽阿母沒輦也。（按卽古之嬀水烏滸河 Oxus 。今之阿母河 Amou Daria。）乃東南行。
時三月二十九日也。又四日得達行在。」據西遊記所述之行
程。邱等並未至奧里阿塔 Aoulie-Ata 及塔什干 Tachkend 也。
譯文不知何所據而云然。

其歸程則經蒙古南道。自科布多至金山以東達今之歸化城。

附西遊記李光廷跋

燕京往雪山。本應西行。以斡辰之請。遂遶道東北。斡辰之帳在陸局河東。陸局河爲今之克魯倫河。則車臣汗地也。自陸局河西行至窩耳朵。爲和林。今之土謝圖汗地也。又西至阿不罕山。今烏里雅蘇台地。又西至金山。今科布多地。自此始轉而南過白骨甸至鼈思馬。（按卽別失八里。）唐爲迴紇城。今之濟木

薩城也。自此又西至天池。今伊犂北之賽剌木泊。自此南渡四十八橋至阿里馬城。今之塔勒奇城。逾城卽河西。行四日始渡河。答剌沒輦。今之伊犂河也。西南行過板橋。爲今之察林河。過此則大林石牙。爲西遼故都。已出我朝卡倫之外。自此循特穆爾圖泊之北。而西北行。又南渡石橋。今名吹河。過賽藍二城。今屬哈薩克中部。又過納林河。經四城。以至河中府。今之霍罕城也。自此南逾鐵門。過阿毋沒輦。爲今之阿毋河。至雪山太祖行帳。今爲阿富汗北境。是行回軍。遂不復南。與劉郁西使記略同。

按西遊記之譯文。見 Bretschneider 之中世紀考證。Mediaeval Researches from Eastern Asiatic Sources. 第一册。九至一〇八頁。一八八八年倫敦版。Trubner 東方叢刊本。全書二册。第一册十二及三三四頁。附中亞圖一。第二冊十及三五二頁。附翻印中文中西亞圖一。舊版有中文地名山名。新版無。但增中國中世紀之旅行家考證。中世紀地理考證。及中國交通考證三文。

當一二四七年。元帝貴由時。即教皇 Innocent 四世派使 Jean du Plan de Carpin 使元朝之次年。有張德輝者。應元帝之召。自定州首途。經北京南口居庸關。出得勝口。抵魚兒泊。(即長春所紀之 Taal Noor。) 復北行至黑山 Tono。麓之龕陸連河。(按即克魯倫河。漢言臚朐河。) 西南行臨一河。北語云渾犯剌。漢言兔兒也。(按即土拉河 Tola。) 又過大澤泊。北語謂吾誤竭腦兒。(按即 Ugei Noor。) 自泊之南入和林城 Karakorum。和林爲一二三四年時窩闊台汗所建之都城。今之額爾德尼昭 Erdenitchao

舊址也。張德輝似未及游覽和林卽渡和林河。（按卽今之鄂爾坤河 Orkhon。）塌末河。（按卽今之塔米爾河 Tamir。）謁貴由汗於杭愛山下之行帳。

按此記譯自承德府志。第六十卷。所引之嶺北紀行。首由俄人 Palladius 譯爲俄文。繼由 Schuyler 譯爲英文。Bretschneider 之中世紀考證第一册一〇九頁至一五六頁刋載之。

貴由之後。蒙哥繼爲蒙古汗。此卽 Guillaume de Rubrouck 游記所誌之蒙哥汗也。一二五九年有常德者。奉詔西使波斯。時皇弟錫里庫 Houlagou 駐軍是地也。常德發自和林。由蒙古逾金山。似亦由烏闌達版逾天山。復經烏倫古河。塔爾巴哈台之額米爾河 Emil。阿拉庫里湖 Ala-Koul。行經伊犂城附近之 Almelik。

赴怛邏斯塔什干。撒馬爾罕 Samarkand。穆爾夫（Merv）。（按卽古之穆國。） Nichapour。而抵 Mazanderan。按卽劉郁所撰西使記所誌之常德西使事。Bretschneider 之中世紀考證一〇九至一五六頁有譯文。

蒙哥汗於一二五六年又建都城曰上都。此地卽今之八百廟 Tchao-Naiman-Sume。在多倫諾爾西北八十里。考一二六一年王惲。及一三一二年周伯琦。二氏所記之行程。可以知自今之北京達上都之路。（按王惲著有中堂事紀。周伯琦著有扈從北行前紀。）

蒙古於一二三四年滅金。一二七九年滅宋。中國全爲所屬。忽必烈汗欲窮流經中國北部黃河之源。乃於一二八〇年命都實往求之。有文學家潘昂霄者。卽根據其報告撰河源志。自唐代使劉元鼎窮河源。至是眞相始明。

按元史地理志云「至元十七年。命都實爲詔討使。往求河源。是冬還報。幷圖其城傳位置以聞。其後翰林學士潘昂霄從都實之弟庫庫楚得其說。撰爲河源志。」遠東法國學校一九〇三年校刋。第三册二三〇頁。有譯文。

一二九六年忽必烈汗遣使詔諭眞臘 Cambodge。隨行之周達觀。就其聞見。撰有眞臘風土記一書。周等發自溫州抵占城 Tchampo。昔之占城。在今之順化 Hué 附近。復由占城至眞臘。此書所記 Angkor 之古跡。及十三世紀甘孛智 Cambodge 之風俗。頗饒興味也。

按眞臘風土記。法人 Abel Rémusat 有一八一九年舊譯本。伯希和 P. Pelliot 有新譯文。載遠東法國學校一九〇二年校刊第二册。一二三至一七七頁。譯名爲 Mémoires sur les coutumes du Cambodge.。

一三六八年。中國人所建之明朝代元而主中國。有永樂帝者。其皇陵爲十三陵中最壯麗之陵寢。好大喜功。欲張國威於境外。於一四〇五年時。命太監鄭和率海軍戰艦徧歷印度洋。自永樂迄宣德。奉使數次。並以武力討擒不奉命之番王。當時之錫蘭國王亞利苦奈兒 Alagakkonara。卽爲鄭和擒之於今日哥侖坡 Colombo 附近之都城。但此種戰跡。終未使中國之國威實際的及永久的發展。鄭和之報告。今已失傳。其隨從二人。一名馬歡。撰瀛涯勝覽。一名費信。撰星槎勝覽。此兩種短篇撰述。刊行之年。考其時代。在亞剌伯人 Ibn-Bathoutha 撰述六十年後。葡萄牙人 Vasco de Gama 由好望角抵印度前八十年。是欲補此二氏游記之缺。不可不求之於此二種中國撰述也。

按鄭和下南洋一事。W. F. Mayers 有十五世紀印度洋中國人探考記。Chinese Exploration of the Indian Ocean during the 15th Century.（China Review, Vol. 3-4, 1874-1876.）。又有 W. P. Groeneveldt 之馬來羣島及馬來半島考證。Notes on the Malay Archipelago and Malacca 一八七九年版。第一册一二六至一六二頁。及 Phillips 之刋於 Journd of the Royal Asiatic Society 一八九五及一八九六年報中各種考證。

一六四三年時。滿洲入據中國帝位。滿洲皇朝不乏名主。其中之康熙帝爲最著名之君主。亦一大旅行家也。傳教師南懷仁 Verbiest 及張誠 Gerbillon 曾數隨之行。於一六八八年至一六九七年間。因從遊蒙古。而作遊記。康熙帝蒙古之行。與實行其對付額魯特 Eleuthes 種及喀爾喀 Kalkas 種政策。不無關係。康熙帝且欲詳悉當時俄帝彼得一世之變法。特於一七一二年命圖理琛奉使俄國。當圖理琛奉使之前十年。準噶爾部之土爾扈特部落。因準噶爾之亂。由塔爾巴哈台遷移於俄國裏海北岸。Volga 及 Iaik 之間。圖理琛之奉使。亦因招撫土爾扈特汗阿玉奇也。

按圖理琛之異域錄。英文有 Staunton, 之 Narrative of the Chinese Embassy to the Khan of the Tourgouth Tartars, in the years

1712, 13, 14, and 15, 1821. 版。

按圖理琛使俄之後。國人之旅行外國者甚多。而遊記亦夥。類多爲外人所未繙譯之書。故沙畹氏記述頗簡。茲以無關要旨。故略。

除前述之著作。以及將來中學家不乏刊行之撰譯外。若欲評定中國旅行家之價值。應再參考正史之地理志。及歷代中國地理專家之著作。此種官私撰述。關係外人之部份。皆有所本。綜合此種撰述全部整理之。可以知中國人對於亞洲逐漸所得之知識。而中國文化之發展於外國。亦藉此種外交使臣負販商賈禮佛僧徒宣傳之功。

對於西方科學言。中國旅行家所居之位置。亦甚高也。西方關於亞洲地理之研究。古代惟恃希臘人之著作。稍晚祇有阿剌伯人之著作。及蒙古時代歐洲探考家之著作可考。此外多數地域。皆爲中國人足跡所已經。著述所已誌。而爲我西人所不詳。是中國旅行家之著作。爲今日史學家旅行家最確實之嚮導云。

中國之旅行家